T0197081

essentials liefern aktuelles Wissen in konzentrierter Form. Die Essenz dessen, worauf es als „State-of-the-Art" in der gegenwärtigen Fachdiskussion oder in der Praxis ankommt. *essentials* informieren schnell, unkompliziert und verständlich

- als Einführung in ein aktuelles Thema aus Ihrem Fachgebiet
- als Einstieg in ein für Sie noch unbekanntes Themenfeld
- als Einblick, um zum Thema mitreden zu können

Die Bücher in elektronischer und gedruckter Form bringen das Expertenwissen von Springer-Fachautoren kompakt zur Darstellung. Sie sind besonders für die Nutzung als eBook auf Tablet-PCs, eBook-Readern und Smartphones geeignet. *essentials:* Wissensbausteine aus den Wirtschafts-, Sozial- und Geisteswissenschaften, aus Technik und Naturwissenschaften sowie aus Medizin, Psychologie und Gesundheitsberufen. Von renommierten Autoren aller Springer-Verlagsmarken.

Weitere Bände in der Reihe http://www.springer.com/series/13088

Peter Klesse

Systematischer Vertriebserfolg auch in Krisenzeiten

Impulse, Strukturen und Stresstest
für Wachstum und Effizienz

 Springer Gabler

Peter Klesse
Best Practice Sales Consultants Ltd
Düsseldorf, Deutschland

ISSN 2197-6708   ISSN 2197-6716   (electronic)
essentials
ISBN 978-3-658-30661-8   ISBN 978-3-658-30662-5   (eBook)
https://doi.org/10.1007/978-3-658-30662-5

Die Deutsche Nationalbibliothek verzeichnet diese Publikation in der Deutschen Nationalbibliografie; detaillierte bibliografische Daten sind im Internet über http://dnb.d-nb.de abrufbar.

Planung/Lektorat: Manuela Eckstein
Springer Gabler ist ein Imprint der eingetragenen Gesellschaft Springer Fachmedien Wiesbaden GmbH und ist ein Teil von Springer Nature.
Die Anschrift der Gesellschaft ist: Abraham-Lincoln-Str. 46, 65189 Wiesbaden, Germany

Was Sie in diesem *essential* finden können

- Was macht einen systematisch erfolgreichen Vertrieb wirklich aus und was unterscheidet ihn von einem Vertrieb, der nur zufällig Erfolg hat?
- Wieso ist die Ausrichtung auf die richtigen Geschäftsfelder auch und gerade in einer Krise wichtig?
- Welche Maßnahmen können Sie treffen, um Ihren Vertrieb fokussiert anzukurbeln, um selbst in einer Krise zu wachsen und effektiver zu werden?
- Was können Sie tun, um im Vertrieb kurzfristig und mittelfristig Kosten zu sparen, also effizienter zu werden?
- Wie können Sie die Cash-Situation absichern?
- Wie können Sie sicherstellen, dass alle Krisen-Optimierungsmaßnahmen auch tatsächlich umgesetzt werden und Sie sich nicht verzetteln?
- Wie können Sie mit einem einfachen, standardisierten Ablauf Ihren Vertrieb einem Stresstest unterziehen?
- Was sollten Sie selbst beachten und wo sollten Sie Prioritäten setzen, um in der Krise tatsächlich erfolgreich zu sein und sie – auch persönlich – zu überstehen?

Vorwort

Das Thema dieses *essentials* ist zum Zeitpunkt seiner Entstehung brandaktuell. In einem Kundenprojekt habe ich viele positive und negative Erfahrungen im Krisenmanagement gemacht – ausgelöst durch Corona und ein zusätzliches Produktproblem. Vieles davon ist in dieses *essential* eingeflossen.

Nach meiner Ausbildung zum Unternehmensberater bei der Boston Consulting Group, bei Gemini Consulting und Mercuri International bin ich seit vielen Jahre als Vertriebsberater und Interimsmanager im Vertrieb unterwegs, als Vertriebsleiter oder Geschäftsführer Vertrieb, meist mit dem Fokus auf mittelgroße Industrieunternehmen, Familienunternehmen, Beteiligungsunternehmen oder Konzerntöchter. Sie erfahren daher Praxis pur, angereichert mit fundiertem Beratungs-Know-how.

Ich habe dieses *essential* für Sie[1] geschrieben, wenn

- Sie sich fragen, ob Ihr „Schönwetter-Vertrieb" in der Lage ist, auch in Krisenzeiten zu bestehen,
- Sie gerade vor der Aufgabe stehen, einen extern ausgelösten Nachfrage- und Umsatzeinbruch zu kompensieren,
- Sie als neu eingestellter Vertriebsverantwortlicher gleich zu Beginn die Weichen richtig stellen möchten,
- Sie intern gezwungen sind, im Vertrieb einschneidende Maßnahmen zur Kostensenkung oder zur Cash-Sicherung zu identifizieren und umzusetzen,
- Sie eine Checkliste und Handreichung suchen, um Ihren Vertrieb – aus welchem Grund auch immer – einem Krisencheck oder Stresstest zu unterziehen.

---

[1]Bitte sehen Sie mir nach, dass ich zur Leseerleichterung stets die grammatikalisch männliche Form verwende.

Dieses *essential* ist kein umfängliches Vertriebslehrbuch. Dazu ist es zu kurz. Es kann und soll Ihnen als meinem Leser jedoch gerade wegen seiner Kürze nützlich sein und Sie zugleich zum Weiterlesen bei tieferschürfenden Autoren anregen. Meine Ausführungen orientieren sich im Wesentlichen am Business-to-Business-Industriegeschäft im Inland. Vieles gilt aber, zumindest eingeschränkt, ebenso für andere Geschäfte und Branchen sowie für den Export.

Für wichtige Anregungen und Kommentare danke ich zahlreichen Projektkollegen, insbesondere den Herren Erko Luck und Koen Cremmery, den Lektoren von Springer Gabler, meinem Studienleiter an der Hochschule Niederrhein, Herrn Prof. Dr. Harald Vergossen, sowie meiner Ehefrau Gaby für ihre kritische Durchsicht und Motivation. Widmen möchte ich diese *essential* meiner Mutter, die mich selbst erfolgreich durch viele Krisen begleitet hat. Und denken Sie daran: Die nächste Krise kommt bestimmt.

Düsseldorf   Peter Klesse
im Juni 2020

Inhaltsverzeichnis

Was zeichnet erfolgreichen Vertrieb aus?

1

1.1 Schönwetter-Segeln reicht nicht

Lassen Sie mich mit einem sportlichen Beispiel aus der Welt des Segelns beginnen: Wenn der Wind kräftig und aus der richtigen Richtung weht, ist es nicht sonderlich schwierig zu segeln. Was aber, wenn Flaute herrscht oder ein Unwetter hereinbricht – eine „Segelkrise" sozusagen? Dann müssen Sicherheitsmaßnahmen ergriffen, taktisch klug vorgegangen, Risiken mit Erfahrung bewertet und die richtigen Handgriffe beherzt umgesetzt werden ... und Sie müssen einen „kühlen Kopf" bewahren, damit aus einer Schwierigkeit keine Segler-Krise wird. Regattasegler wissen, dass es manch erfahrenerem Wettbewerber gelingt, in der Flaute zu überholen. Ebenso hat der eine oder andere Freizeitskipper auch in milden Stürmen schon Schiffbruch erlitten. Für Ihren Vertrieb bedeutet Schönwetter-Segeln so viel wie

- stetig wachsende Nachfrage nach den Produkten, mit denen Sie bereits gut aufgestellt sind,
- keine Probleme mit der eigenen Lieferfähigkeit,
- im Sortiment genau die Produkte, die Ihre Kunden haben wollen,
- keine Probleme mit Produktqualität und Produktion,
- keine aggressiven Wettbewerber,
- ein auskömmliches Preisniveau,
- externe Rahmenbedingungen, mit denen Sie umgehen können,
- kein übermäßiger interner Kostendruck und kein *von oben* kommender Zwang zu radikalen Veränderungen, ...

© Springer Fachmedien Wiesbaden GmbH, ein Teil von Springer Nature 2020
P. Klesse, *Systematischer Vertriebserfolg auch in Krisenzeiten*, essentials,
https://doi.org/10.1007/978-3-658-30662-5_1

Dann sollte es leicht sein, möglichst viel und zu guten Preisen zu verkaufen, Absatz-, Umsatz- und Ergebnisziele zu erreichen, die Fertigung auszulasten, Kunden, Partner, Management und Eigentümer zufrieden zu stellen. Meist fragt dann niemand nach, ob Sie eine bessere Marktposition, einen höheren Marktanteil, mehr Ergebnis und eine größere Kundenzufriedenheit hätten erreichen können. Dann haben Sie „Schönwetter-Vertrieb" – im Prinzip keine schlechte Sache, oder? Aber wenn langanhaltend schönes Wetter dazu geführt hat, dass Ihr Vertrieb sich nicht mehr auf schweres Wetter, auf schwierige Zeiten einstellen kann, dann haben Sie irgendwann ein Problem. Dass irgendwann auch in Ihrem Vertrieb eine Krisensituation kommen wird, ist sicher – sicher ist nur nicht, welche Krise es zu welchem Zeitpunkt sein wird. Wenn sie dann kommt, dann ist *Holland in Not*. Dann kennen Sie die richtigen Hebel nicht, um die Regatta noch zu gewinnen oder nicht unterzugehen, dann ist Ihre Organisation weder willens noch in der Lage, sich zu verändern. Dann ist das für Sie Stress pur. Das wollen Sie nicht wirklich, oder?

1.2   VUCA als Herausforderung

Haben sie schon von VUCA gehört? VUCA ist ein militärischer Begriff und wurde in den 1990er Jahren durch das United States Army War College (USAWC) entwickelt. Mit dem Akronym VUCA wurde die Zeit nach dem Fall der Mauer und der Öffnung des Eisernen Vorhangs beschrieben, die von anderen Einflussfaktoren bestimmt wurde als die bis dahin gut bekannte Zeit des Kalten Krieges: es war die neue militärische Realität von Selbstmordattentätern, Straßenkampf, Guerillakriegen und asymmetrischer Kriegsführung. VUCA bedeutet – in Kürze – für Sie Folgendes:

- *Volatilität* (volatility) – Sie leben in einer Welt der ständigen, immer schneller werden Veränderungen, Schwankungen und Verflüchtigungen.
- *Unsicherheit* (uncertainty) – Sie können immer schwieriger vorhersagen, was tatsächlich passieren wird, wie sich Märkte, Kunden und Wettbewerber verhalten werden.
- *Komplexität* (complexity) – Ihr eigenes Unternehmen und das Umfeld werden ständig komplexer, vielschichtiger und mehr ineinander verwoben, ohne dass Sie selbst das ändern können.
- *Mehrdeutigkeit* (ambiguity) – Dinge haben mehr als eine Bedeutung und können aus Ihrer und anderer Perspektive unterschiedlich gesehen und bewertet werden.

In genau dieser Welt aus schnellen Veränderungen, Unsicherheit, Komplexität und Mehrdeutigkeit bewegen sich auch unsere Unternehmen, bewegt sich Ihr Unternehmen. Das ist im Vertrieb unsere und Ihre Herausforderung. Denken Sie nur an Themen wie Digitalisierung, Globalisierung, verändertes Kaufverhalten, Big Data und neue Managementinstrumente. Was können Sie dagegen und damit tun, wie können Sie sich dagegen und dafür wappnen[1]?

1.3 Eckpfeiler eines nachhaltig erfolgreichen Vertriebs

Was können Sie also tun, damit Ihr Vertrieb nicht nur zum Schönwetter-Segeln taugt? In meinem *essential* „Best Practice im Vertrieb durch Hoshin Kanri" (Klesse 2019) konnten Sie bereits vier Elemente für nachhaltig erfolgreichen Vertrieb lesen, die ich jetzt um drei Punkte ergänzt habe:

1. die richtige, marktgerechte Ausrichtung und Zielsetzung Ihres Unternehmens auf seine Märkte, Kunden, Geschäfte, Vertriebskanäle und Partner, basierend auf umfassenden, überprüfbaren Informationen, d. h. faktenbasiert,
2. eine möglichst perfekte Umsetzung dieser Ausrichtung und Ziele in Organisation (Struktur und Mitarbeiter), Prozessen und Systemen,
3. eine möglichst professionelle und zugleich effiziente Vertriebspraxis im Tagesgeschäft,
4. die dazu passende Planung, Steuerung und Führung Ihres Vertriebs,
5. die richtige Kultur aus Fehlertoleranz, Ehrgeiz, Begeisterung, Team- und Lernfähigkeit,
6. ein Baukasten erprobter Methoden und Instrumente,
7. an der Spitze die richtige(n) Persönlichkeit(en): erfahren, empathisch, kritisch und mit Selbstvertrauen – hoffentlich Sie und Ihre Kollegen …

---

[1]Interessanterweise wurde dasselbe Akronym VUCA als Antwort auf die Herausforderung VUCA formuliert. Dann bedeutet es Weitblick, Verstehen, Klarheit und Agilität (vision, understanding, clarity, agility).

Krisengründe und -auslöser

2

Das Wort Krise steht im Titel dieses *essentials*, selbst wenn viele Anregungen darin auch außerhalb einer Krisensituation nützlich sind. Was aber bedeutet Krise und insbesondere Krise im Vertrieb? Der Duden beschreibt eine Krise als „eine schwierige Lage, kritische Situation, Zeit der Gefährdung und des Gefährdetseins ...". Eine Krise kommt meist unerwartet – auch wenn man sie hätte erwarten können – birgt das Risiko erheblicher Nachteile mit sich und erfordert besondere Maßnahmen, die über das Übliche hinausgehen.

Interessanterweise hat der Wissenschaftliche Beirat der Bundesregierung zu Globalen Umweltfragen (WBGU) in seinem Jahresgutachten 1998 Krisen und Risiken unter Verwendung von Namen aus der griechischen Mythologie typisiert: „Damokles" für ein Risiko mit geringer Eintrittswahrscheinlichkeit, aber hohem Schadensausmaß; „Kassandra" mit großer Verzögerung und Irreversibilität nach Eintritt, dazu „Pythia", „Zyklop", „Pandora" und „Medusa". (WBGU 1998)[1]

Nachfolgend finden Sie fünf Krisengründe und Situationen, die einzeln, aber auch gemeinsam auftreten können und sich auf den Vertrieb beziehen.

2.1 Nachfragerückgang oder -einbruch

Bricht die Nachfrage nach Ihren Produkten nicht nur kurzzeitig ein, entsteht schnell eine Krise. 20 % weniger Umsatz können einen vorherigen oder budgetierten Gewinn schnell in einen erheblichen Verlust verwandeln, da die

---

[1]Die Corona-Krise würde vermutlich in die Rubrik *Zyklop* eingeordnet.

© Springer Fachmedien Wiesbaden GmbH, ein Teil von Springer Nature 2020
P. Klesse, *Systematischer Vertriebserfolg auch in Krisenzeiten*, essentials,
https://doi.org/10.1007/978-3-658-30662-5_2

vorhandenen Fixkosten auch bei fehlendem Umsatz und Deckungsbeitrag finanziert werden müssen und nicht schnell genug abgebaut werden können. Nachfragerückgänge oder -störungen können unterschiedliche Auswirkungen auf die Wettbewerbssituation haben:

- Bei einer gesamtwirtschaftlichen Ursache – wie im Fall der Corona-Krise – trifft ein Nachfragerückgang alle Wettbewerber, die dann auch per se keinen Wettbewerbsvorteil haben.
- Bei einer unternehmensspezifischen Ursache, wie Produktprobleme oder Imageschaden, trifft der Nachfragerückgang nur das eigene Unternehmen und hat somit Auswirkungen auf Ihre Wettbewerbsposition.

Schleichender Nachfragerückgang
Einen schleichenden, nachhaltigen Nachfragerückgang werden Sie unter Umständen zu spät als solchen wahrnehmen. Möglicherweise verharmlosen Sie einen solchen Rückgang oder stellen ihn als kurzfristigen *Ausrutscher* dar. Insbesondere in einer Unternehmenskultur, die wenig fehlertolerant ist und jedwede Abweichung sofort bestraft – anstelle zuerst nach Ursachen und Maßnahmen zu forschen –, werden die Verantwortlichen schnell Ausreden (er)finden, um sich nicht zu blamieren. Zudem haben alte Industrien eine immanente Tendenz zur Ignoranz: Oder wieso konnte die Automobilindustrie in Deutschland so lange nicht verstehen, dass die Nachfrage nach *Verbrennern* dauerhaft zurückgehen könnte? Wenn Sie einen schleichenden Nachfragerückgang früh genug als solchen erkennen, hatten Sie Glück. Dann können Sie rechtzeitig gegensteuern, bevor es tatsächlich zu einer Krise kommt. Diese frühzeitige Wahrnehmung ist die Kunst bei einem schleichenden Nachfrageeinbruch – sie erfordert ein wachsames Vertriebscontrolling mit den entsprechenden Frühwarnsystemen.

Plötzlicher Nachfrageeinbruch
Anders ist der in der Corona-Krise des Jahres 2020 erlebte Nachfrageeinbruch oder -zusammenbruch vieler Branchen zu bewerten. Ob es sich dabei um einen nicht zu erwartenden „Schwarzer Schwan[2]" oder ein eigentlich erwartbares, aber unterschätztes „Graues Nashorn[3]" handelt, ist zweitrangig. In jedem Fall kamen

---

[2]Als „Schwarzer Schwan" wird von Taleb (2007) ein Ereignis bezeichnet, das selten und höchst unwahrscheinlich ist und bei Eintritt zugleich extreme Konsequenzen hat.
[3]Im Gegensatz zum unerwartbaren „Schwarzen Schwan" beschreibt Wucker (2016) „Gray Rhinos" „…als sehr wahrscheinliche, mit wesentlichen Auswirkungen verbundene, jedoch vernachlässigte Bedrohungen…", die man vorher hätte erkennen können.

die Auswirkungen für viele Branchen plötzlich, unerwartet und heftig – ohne dass man geeignete Maßnahmen *in der Schublade* hatte. Sie kamen so heftig, dass die Nachfrage in einzelnen Branchen um 50 % oder gar 100 % einbrach[4]. Dieser Nachfrageeinbruch kann für eine überschaubare oder aber für eine nicht absehbare Periode erfolgen. Zielgerichtetes Gegensteuern ist dabei umso schwieriger, je weniger der weitere Verlauf vorhergesagt werden kann.

Wie kommt ein solcher extern ausgelöster Nachfrageeinbruch zustande? Er kann mehrere Ursachen haben, wie zum Beispiel:

- Gesetzliche Regelungen oder Verbote unterbinden/verhindern die Nachfrage (Beispiel Gastronomie) nach Ihren Produkten und Leistungen.
- Die Nachfrage nach den Produkten Ihrer Kunden ist eingebrochen.
- Ihre Produkte oder Leistungen werden nicht mehr benötigt, zum Beispiel weil sie neuen Anforderungen nicht mehr gerecht werden.
- Aufgrund einer erhöhten Risikoeinschätzung und zu großer Unsicherheit bleiben Investitionen aus, was sich insbesondere für Unternehmen im Investitionsgütergeschäft auswirkt.

2.2 Störung der Lieferkette

Unabhängig von oder zusätzlich zu einem Nachfragerückgang kann Ihre Lieferkette gestört sein oder zusammenbrechen. Dies kann mehrere Ursachen haben, mit derselben Wirkung für Ihren Vertrieb.

Interne Störungen

Die eigene Liefer- und Leistungsfähigkeit Ihrer Wertschöpfungskette kann aus unterschiedlichen Ursachen gestört sein. Klassisches Beispiel dafür ist der Ausfall einer Fertigungsanlage, eines Lagers oder eines IT-Systems in Vertrieb, Logistik oder Fertigung. Ebenso können Güter in Ihrem Unternehmen untergehen, zum Beispiel durch einen Brand oder Diebstahl; Produktmängel können bei Waren in Ihrem eigenen Lager oder bei bereits von Ihnen ausgelieferten Produkten auf-

---

[4]Völlig zum Erliegen kam die Eventbranche und Gastronomie, deutlich weniger Auswirkungen gab es im Infrastruktur-Baubereich.

treten. Interne Störungen treffen in der Regel nur einen Marktteilnehmer – in diesem Fall Ihr Unternehmen. Das macht die Situation besonders kritisch, da Ihre Wettbewerber die Situation sofort für sich ausnutzen und dadurch erhebliche, langfristige Wettbewerbsvorteile durch deren eigene Lieferfähigkeit erzielen können.

Externe Störungen
Ihre eigene Lieferfähigkeit kann auch durch externe Faktoren gestört sein, wenn zum Beispiel Vorprodukte oder Handelsware nicht angeliefert werden, Transportrouten ausfallen, Grenzen gesperrt oder Lieferungen – zum Beispiel bei Seefracht – verlorengehen oder beim Zoll gesperrt werden.

2.3   Wettbewerber-Aktivitäten

Aktivitäten Ihrer Wettbewerber – direkte und indirekte – können Auswirkungen auf Nachfrage und Absatzmöglichkeiten Ihrer Produkte und Leistungen haben und so zu einer Krise führen.

Direkte Wettbewerber
Direkte Wettbewerber bieten dieselben oder vergleichbare Leistungen und Produkte an wie Ihr Unternehmen. Mit ihnen stehen Sie in direktem Wettbewerb, Ihre Kunden können zwischen Ihren Angeboten und denen Ihrer Wettbewerber entscheiden (s. Abschn. 3.1). Krisenauslösend können zum Beispiel folgende Aktivitäten Ihrer Wettbewerber sein:

- massive Preissenkungen oder Konditionenanpassungen – insgesamt oder für einzelne Angebote und Sortimente,
- Veränderung der Vertriebskanäle, zum Beispiel durch Einführung eines attraktiven E-Commerce-Angebots,
- echte Produktinnovationen, denen Sie nichts entgegensetzen können,
- Einführen von Nachfolgeprodukten zu Angeboten, bei denen Sie bisher einzigartig waren.

Werden Sie von diesen Aktivitäten überrascht, dauert es meist (viel zu) lange, bis Sie reagieren können oder es wird für Sie – zum Beispiel bei notwendigen Preisnachlässen – entsprechend und unakzeptabel teuer.

Indirekte Wettbewerber

Indirekte Wettbewerber sind solche, die auf den ersten Blick gar keine Wettbewerber zu sein scheinen, jedoch für einzelne Ihrer Kundengruppen sinnvolle Substitutionsmöglichkeiten bieten. Dabei kann es sich um alternative Lösungen für vorhandenen Kundenbedarf handeln (zum Beispiel Kleben statt Schweißen), um alternative Materialien (zum Beispiel Stahl statt Beton) oder um alternative Geschäftsmodelle (zum Beispiel Leasing statt Kauf). Hier gilt dasselbe wie bei den direkten Wettbewerbern: Werden Sie überrascht, kann es sehr lange dauern, bis Sie eine adäquate Lösung anbieten können oder es wird für Sie sehr teuer, sofern die Substitutionslösung deutlich billiger ist als Ihr eigenes Angebot. Erschwerend kommt oftmals hinzu, dass viele Unternehmen ihre indirekten Wettbewerber lange Zeit nicht als solche wahrnehmen wollten.

2.4 PESTEL als Krisenauslöser

Das englischsprachige Akronym *PESTEL*[5] steht für sechs externe Faktoren, die positive oder negative Auswirkungen auf Ihr Geschäft haben können und somit potenziell krisenauslösend sind – sie sind zugleich Instrument der strategischen Neuausrichtung. Die Abkürzung *PESTEL* steht für

- *politisch (political)*: Auswirkungen politischer Veränderungen, die zum Beispiel die Risikobewertung von Investitionsentscheidungen beeinflussen können, wie etwa beim Wechsel von einer konservativen auf eine *grüne* Regierung,
- *wirtschaftlich (economical)*: Auswirkungen der wirtschaftlichen Entwicklung mit Folgen für Nachfrage, Beschaffungsmöglichkeit, Finanzierbarkeit und Ressourcenkosten, zum Beispiel durch die Knappheit bestimmter Rohstoffe oder durch Finanzierungsprobleme infolge einer Bankenkrise,
- *gesellschaftlich (social)*: gesellschaftliche Einflüsse wie Streiks, die demografische Entwicklung, Ausbildungsstand oder Einstellung der Bevölkerung zu bestimmten Themen, wie zum Beispiel die veränderte Akzeptanz von Fahrzeugen mit Verbrennungsmotor,

---

[5]Je nach Quelle wird PESTEL auch als LEPEST, PESTLE, STEP, PEST oder ähnlich bezeichnet; auch ist die Zuordnung zu einzelnen Kategorien weder eindeutig noch wichtig; ob REACH beispielsweise zu Umwelt oder Recht gehört, ist nicht wirklich relevant.

- *technisch (technological):* technische Entwicklungen mit Auswirkungen auf die Leistungserstellung, auf Anwendungen und alternative Lösungen, wie zum Beispiel 3D-Drucker[6] oder die Verwendung von Wasserstoff als Energieträger in Mobilitätskonzepten,
- *umweltbezogen (environmental):* Auswirkungen von Umwelteinflüssen, -veränderungen oder umweltbezogenen Regelungen mit vielfältigen Folgen, wie zum Beispiel die Verfügbarkeit von Rohstoffen oder Vorschriften wie *REACH*[7],
- *rechtlich (legal):* Auswirkungen von Gesetzen, Regelungen oder Rechtsprechungen, wie beispielsweise die Einschränkung von Werbemöglichkeiten durch die *DSGVO*[8].

Für den Umgang mit dem Instrument PESTEL s. Abb. 2.1 und mit externen Faktoren empfehle ich Ihnen die folgenden fünf Schritte:

1. Identifizieren und beschreiben Sie die für Ihr Geschäft potenziell relevanten externen Faktoren.[9]
2. Bewerten Sie deren Eintrittswahrscheinlichkeit sowie – sofern ein Element eingetreten ist – die Wahrscheinlichkeit, dass es Auswirkungen auf Ihr Geschäft haben wird.
3. Schätzen Sie die Wirkungen bei Eintritt des externen Faktors ab.
4. Beschreiben Sie die Konsequenzen für Ihr eigenes Geschäft.
5. Entwickeln und definieren Sie Maßnahmen zur Chancennutzung und zur Gefahrenabwehr.

PESTEL ist aber nicht nur ein Instrument zum Verständnis krisenauslösender Faktoren. Punkt 5 weist auch bereits darauf hin, dass Sie Ihre PESTEL-Analyse für die strategische Neuausrichtung nutzen können.

---

[6]Auch als additive Fertigungsverfahren bezeichnet.

[7]REACH ist das englischsprachige Akronym für eine EU-Verordnung aus dem Jahr 2007 für den Umgang mit Chemikalien; REACH = Registration, Evaluation, Authorisation and Restruction of Chemicals.

[8]DSGVO ist das deutschsprachige Akronym für die im Jahr 2018 erlassene Datenschutz-Grundverordnung (englisch GDPR).

[9]Als Quelle und Impulsgeber können darauf spezialisierte Veröffentlichungen wie Horx (2019) dienen.

PESTEL	Identifikation & Beschreibung der Faktoren	Wahrscheinlichkeit (Eintritt und Wirkung)	Wirkung bei Eintritt	Konsequenzen für das eigene Geschäft	Maßnahmen (Chancennutzung & Gefahrenabwehr)
Politisch	• Eintritt einer „grünen" Regierung • ...	...	...	...	...
Wirtschaftlich	• Begrenzte Möglichkeiten der Kreditfinanzierung • ...	...	...	...	...
Gesellschaftlich	• Geringere Verfügbarkeit von Facharbeitern • ...	...	...	...	...
Technisch	• Marktfähigkeit additiver Fertigungsverfahren • ...	...	...	...	...
Umweltbezogen	• Reduzierte Verfügbarkeit von Seltenen Erden • ...	...	...	...	...
Rechtlich	• Erhöhte Arbeitssicherheitsvorschriften am Bau • ...	...	...	...	...

Abb. 2.1 PESTEL-Matrix/Schema

2.5   Intern ausgelöste Krisenursachen

Krisen können in durch weitere interne Faktoren ausgelöst worden und begründet sein und sowohl Handlungsdruck als auch Ablaufprobleme für den Vertrieb bewirken.

Interne Vorgaben und Druck
Gerade in Konzernen wird gelegentlich und aus unterschiedlichen Gründen interner Druck aufgebaut und werden dabei unrealistische Anforderungen gestellt, die dann – ungewollt und unbedacht – Krisen auslösen können. Folgende Beispiele habe ich in unterschiedlichen Unternehmen kennengelernt:

- übersteigerte Kosteneinsparungsvorgaben[10] nach der *Rasenmäher-Methode* mit erheblichen Auswirkungen auf Produkte, Leistungen, Leistungserstellung, Vertrieb und Vermarktung,
- willkürlich erscheinende Maßnahmen, wie der Verzicht auf die Teilnahme an relevanten Branchenevents oder die Absage von Personalentwicklungs-Maßnahmen,
- die Untersagung bestimmter (Fertigungs-)Prozesse aufgrund übersteigerter Anforderungen oder unnötig konsequenter Umsetzung neuer, gesetzlicher Vorgaben,
- die intern begründete Einschränkung oder das Verbot der Belieferung bestimmter Kunden oder Länder,
- Verschiebung der Zuständigkeiten für Produkte, Kunden, Länder oder Vertriebskanäle.

Derartige Maßnahmen können durchaus gut begründet und notwendig sein. Sie können dennoch als unvorhergesehener Kollateralschaden eine Krise zur Folge haben.

Organisationsprobleme
Organisationsentscheidungen in Ihrem Unternehmen können ebenfalls Krisen auslösen, wenn sie zum Beispiel zum kurzfristigen Verlust wesentlicher

---

[10]Damit sind Einsparungs-Größenordnungen gemeint, die die üblichen und sinnvollen Vorgaben zu Kostensenkung und Effizienzsteigerung deutlich überschreiten.

Leistungsträger oder gar zum Spin-off ganzer Bereiche führen. Es können Kenntnisse und Kapazität verloren gehen mit erheblichen Auswirkungen auf Ihr Angebot und Ihren Vertrieb, wenn danach zum Beispiel technische Verkäufer zur Kundenbetreuung und Angebotserstellung fehlen. Geht die Motivation Ihrer Vertriebsmitarbeiter verloren[11], kann das mittelfristig ebenfalls eine Krise auslösen – eher schleichend als spontan.

Darüber hinaus wird eine nicht anforderungsgerechte und intransparente Organisation mit schlecht definierten Prozessen, Vorgaben und nicht wettbewerbsfähigen Systemen mittelfristig die Wettbewerbfähigkeit Ihres Unternehmens gefährden.

---

[11]Motivation im Vertrieb kann aus vielen Gründen verlorengehen: Boni, die als unzureichend empfunden werden, demotivierende Führungskräfte oder nicht nachvollziehbare Unternehmensentscheidungen – allerdings auch Mitarbeiter, die sich gar nicht motivieren lassen.

Optimierung in sechs Stufen – nicht nur in einer Krise

Ursachenverständnis und Maßnahmen zur Optimierung gehen Hand in Hand. Sie beginnen mit sechs Fragen, zu denen Sie in den nachfolgenden Abschnitten (Abschn. 3.1 bis Abschn. 3.6) Antworten finden, in Kap. 4 ergänzt um einen pragmatischen, 7-stufigen Stresstest:

1. Sind Sie (noch) in den richtigen Geschäften unterwegs und dort richtig ausgerichtet?
2. Können Sie Ihren Vertrieb richtig steuern und tun Sie dies auch – entscheidungsorientiert?
3. Haben Sie die Prozesse, Instrumente, Systeme und Kompetenzen, um wirklich effizient, effektiv und damit nachhaltig erfolgreich Vertrieb zu machen?
4. Haben Sie Ihr Cash/Ihre Liquidität *im Griff*?
5. Kommunizieren Sie optimal – wirkungsvoll und kostenorientiert?
6. Können Sie die identifizierten Änderungen und Maßnahmen auch tatsächlich und nachhaltig umsetzen?

3.1 Strategische Ausrichtung

Wenn Sie einen Tennisschläger einpacken, eigentlich Fußballspielen wollen und dazu auf den Golfplatz gehen … dann sieht jeder, dass da etwas nicht stimmt. Nun ist es nicht immer so krass und so einfach zu erkennen. Wenn Sie aber mit Ihrem alten Dunlop *MAXPLY* Holzschläger in Wimbledon gewinnen wollen, weil Sie die technische Entwicklung hin zu Graphit, Titan, Keramik,

© Springer Fachmedien Wiesbaden GmbH, ein Teil von Springer Nature 2020
P. Klesse, *Systematischer Vertriebserfolg auch in Krisenzeiten*, essentials,
https://doi.org/10.1007/978-3-658-30662-5_3

Aramidfasern oder *intelligenten* Schlägern[1] verpasst haben und früher damit immer gewonnen haben … dann ist das etwas, was im Vertrieb leider oft passiert. Sie können ja nach wie vor mit Ihrem *MAXPLY* halbwegs ansehnlich den Ball wechseln, leider werden Sie damit aber nicht mehr gewinnen.

Im Zusammenhang mit unserer Krisendiskussion sollten Sie wissen und berücksichtigen: Eine ungenaue, falsche – oder falsch gewordene – strategische Ausrichtung kann ein wesentlicher Grund für die Krisenanfälligkeit Ihres Vertriebs sein; ebenso dafür, dass Ihr Unternehmen in einer Krise besonders hart getroffen werden kann. Das Prüfen und Anpassen der Ausrichtung Ihres Unternehmens ist daher auch ein wesentlicher Hebel im Krisenmanagement. Sie erinnern sich an das Eingangsbeispiel vom Segeln? Dann kennen Sie vielleicht auch diesen Spruch: „Wer den Hafen nicht kennt, in den er segeln will, für den ist kein Wind der richtige."[2] Wo sollten Sie also am erfolgversprechendsten tätig sein, um zu gewinnen … und wie gewinnen Sie dann dort? Was können Sie dort tun? Ich empfehle Ihnen die im Folgenden beschriebenen zehn Ansatzpunkte und Vorgehensweisen.

3.1.1 Die Krise als Chance

Wie bereits in der erwähnten Typologisierung des WBGU-Jahresgutachtens 1998 ersichtlich, gibt es Risiken und Krisen, die *mit Bordmitteln* beherrscht oder gar *ausgesessen* werden können. Es gibt aber auch Krisen, die zu Brüchen führen, nach denen vieles anders ist, als es vorher jemals war. Weltkriege und Weltfinanzkrisen sind solche Brüche, möglicherweise wird man auch die Corona-Krise als solch einen Bruch ansehen. Brüche oder Disruptionen stellen erhebliche, existenzielle Risiken dar, können aber auch gewaltige Chancen für diejenigen bieten, die beherzt und rechtzeitig, mit Kenntnis sowie richtigem Verständnis der externen Faktoren, zum eigenen Nutzen handeln … und dabei Glück haben.

Ging es Ihnen auch schon so? Oft genug hätten Sie im *Alltagstrott* gern etwas gänzlich anders gemacht, Chancen genutzt, Althergebrachtes *über Bord geworfen* und mit Unsitten und *Heiligen Kühen* aufgeräumt. Es ging aber

---

[1]Schläger aus Piezofasern werden – mit oder ohne Berechtigung – als „intelligent" bezeichnet.

[2]Das Zitat wird dem römischen Philosophen Lucias Annaeus Seneca (1–65 n.Chr.) zugeschrieben, in abgewandelter Form auch Michel de Montaigne (1533–1592).

nicht. Beharrungskräfte und Risikoaversion verhinderten jeglichen, radikal erscheinenden Wandel. Es war zum Haareausraufen. Und jetzt, in der Krise, bietet sich plötzlich die Chance, ganz Neues zu versuchen, Überkommenes aufzugeben und Risiken einzugehen, die zuvor unannehmbar schienen. Möglicherweise sind wirkliche Neuerungen nur aus Krisen heraus, in Umbrüchen, möglich – aber mit dem Risiko, dabei zu scheitern, sofern Sie nicht umsichtig und zielgerichtet genug dabei vorgehen. Nur, handeln müssen Sie in der Krise sowieso, warum dann nicht mutig sein?

3.1.2 Marktanalyse und Marktverständnis

Voraussetzung für mutiges Vorgehen – damit es nicht tollkühn wird – ist die Begründung durch nachweisbare Fakten. Dazu gehört an erster Stelle das genaue Verständnis der Märkte, in denen Ihr Unternehmen tätig ist oder engagiert sein könnte. Wenn Ihr Unternehmen bereits seit einiger Zeit aktiv ist, werden/sollten Sie Ihre Märkte vermutlich weitgehend kennen. Stellen Sie sich dann folgende Fragen:

- Wie aktuell und umfassend sind die Ihnen vorliegenden Informationen – siehe VUCA?
- Wie haben sich Ihre bisherigen Märkte verändert und (weiter-) entwickelt?
- Können Sie und Ihre Wettbewerber in diesen Märkten noch ausreichend Geld verdienen?
- Stimmt die Abgrenzung der Märkte zueinander noch – wodurch unterscheiden sie sich, was sind die Segmentierungskriterien?
- Wie groß sind die Märkte, wie haben sie sich entwickelt und wie wird es weitergehen?
- Welchen Marktanteil – in welchen Märkten – haben Sie: absolut und relativ[3]?
- Wie viele relevante Wettbewerber gibt es, wie weit sind sie von Ihrem Unternehmen entfernt und wie – sowie warum – haben sich die Marktanteile in den letzten Jahren verändert?

---

[3]Unter dem „relativen Marktanteil" verstehen Sie den eigenen absoluten Marktanteil dividiert durch den Ihres größten Wettbewerbers – dabei hat nur der Marktführer einen relativen Marktanteil > 1; der relative Marktanteil ist zum Beispiel die horizontalen Achse in der bekannten BCG-Matrix.

Oftmals fällt es Ihnen in einem wachsenden Markt gar nicht auf, wenn Sie relativ zu Ihren Wettbewerbern Marktanteile verloren haben: Sie sind ja gewachsen – nur langsamer als der Markt – und haben dies nur nicht bemerkt.

Zum Glück gibt es gerade im Industriegeschäft genügend Quellen, um qualitative und quantitative Veränderungen und Entwicklungen im Markt schnell zu identifizieren: Verbände, Studien, Kongresse, um nur einige zu nennen[4].

Ohne eine klare Vorstellung von der Segmentierung Ihrer Märkte, ohne hinreichend richtige Kenntnis von Marktgröße und -dynamik, ohne Ihre Wettbewerbsposition und Entwicklung Ihrer Wettbewerber zu kennen, können Sie die strategische Ausrichtung nicht bewerten. Noch weniger können Sie sie neu ausrichten und die dazu nötigen Entscheidungen treffen. Dann geht es Ihnen wie dem Segler, der seinen Hafen nicht kennt … Marktanalyse und Marktverständnis ergeben die Vogelperspektive für die strategische Bewertung und Neuausrichtung Ihrer Position im Markt.

3.1.3 „Voice-of-Customer"

Ergänzend zur Vogelperspektive der Marktanalyse spielt die Stimme der Kunden (*Voice-of-Customer*) auf einer eher mikroskopischen Ebene eine Rolle. Genau zu verstehen, welchen Bedarf und welche Nutzenerwartungen Ihre Kunden für welche Anforderung haben, was ihre Entscheidungskriterien und Prozesse sind, wie diese zusammenhängen und gewichtet werden, ist Ziel und Zweck der *Stimme des Kunden*. Dabei geht es weniger darum, ob die befragten Kunden Ihr Unternehmen gut oder schlecht finden. Analysiert wird, was für welche Ihrer Kunden aus welchen Gründen wichtig ist und wie sich das möglicherweise in der Zukunft verändern wird. Hier spielt die Segmentierung und Unterscheidung unterschiedlich agierender und unterschiedlich zu behandelnder Kundengruppen eine wichtige Rolle.

Die *Voice-of-Customer* können Sie sich nur persönlich erarbeiten, durch Gespräche mit den wesentlichen Entscheidern und Beeinflussern Ihrer Kunden. Dabei sollten Sie auch herausfinden, wer eigentlich der Letztentscheider ist – als Einzelperson oder als Gremium. Warum kauft er bei Ihnen, warum beim

---

[4]Wobei nach meiner Erfahrung Kaufstudien ihr Geld oftmals nicht wert und höchstens für Neueinsteiger im Markt nützlich sind.

Wettbewerber? Die Kriterien dafür können sich von Kaufsituation zu Kaufsituation[5] und von Leistung zu Leistung, Sortiment zu Sortiment erheblich unterscheiden.

Sie können die *Voice-of-Customer* durch klassische Methoden der Kundenzufriedenheitsbefragung ergänzen, um die wesentlichen Stärken und Schwächen aus Kundensicht zu erfahren, zwischen unterschiedlichen Kundengruppen zu gewichten und die Kundensegmentierung zu justieren.

3.1.4 SWOT und SWOT-basierende Strategien

SWOT[6] kennt jeder – es wird jedoch oft (zu) banal eingesetzt. Für die Krisenanalyse ist es wichtig, neben der Identifikation von Stärken, Schwächen, Chancen und Risiken die darauf aufbauenden Strategien zu identifizieren und zu entwickeln. Siehe hierzu Abb. 3.1.

SWOT-Strategien		Interne Analyse	
		Stärken Strengths	**Schwächen** Weaknesses
Externe Analyse	**Chancen** Opportunities	**SO-Strategien** Verfolgen von Chancen, die gut zu den Stärken des Unternehmens passen	**WO-Strategien** Eliminieren von Schwächen, um neue Chancen zu nutzen
	Risiken Threats	**ST-Strategien** Nutzen vorhandener Stärken, um Risiken abzuwenden	**WT-Strategien** Risiken gegen vorhandene Schwächen verteidigen

Abb. 3.1 SWOT-Strategien

---

[5]Ob es sich zum Beispiel um Lager-Sammeleinkäufe oder laufende Nachbestellungen handelt.
[6]SWOT ist ein englisches Akronym für Stärken-Schwächen-Chancen-Risiken (Strengths-Weaknesses-Opportunities-Threats).

Wichtig bei der Identifikation und Entwicklung der *SWOT*-Strategien ist es, Wunschdenken zu vermeiden. Dabei helfen die Ergebnisse der zuvor beschriebenen Marktanalysen, *Voice-of-Customer*, und der *PESTEL*-Analyse.

3.1.5 Value Proposition – Nutzenversprechen

Die *Value Proposition* (s. Osterwalder et al. 2014) oder das *Nutzenversprechen* beantwortet die Frage, warum ein Kunde etwas bei Ihnen oder Ihrem Wettbewerber kauft und wie wichtig ihm dieser Kaufgrund ist. Das können (einzigartige) Produkteigenschaften, der niedrigste Preis, eine besonders einfache Zusammenarbeit oder die Bedeutung einer Marke als Qualitätsversprechen sein. Die meisten Unternehmen haben sich – auch außerhalb einer Krise – nicht ausreichend Gedanken darüber gemacht, warum ihre aktuellen Kunden bei ihnen kaufen, warum sie Kunden verloren haben oder andere, eigentlich attraktive Kunden gar nicht erst erreichen. Und Sie?

Für ein und dasselbe Produktprogramm können unterschiedliche *Value Proposition* eine Rolle spielen und andere wiederum nicht. So hat das Image einer Marke im Industriegeschäft meist eine geringere Bedeutung als im Konsumgüter- oder Modemarkt; dort wiederum sind einem Konsumenten Wechselrisiko und Wechselaufwand von einem Anbieter zum nächsten deutlich weniger wichtig als im Industriegeschäft.

In Abb. 3.2 finden Sie acht mögliche *Value Proposition* und den Umgang mit ihnen in sechs Schritten bzw. Fragestellungen:

1. Identifizieren und benennen Sie die *Value Proposition*, zum Beispiel die Sortimentsbreite („möglichst vollständiges Sortiment für den Bedarf auf der Baustelle") oder Innovation („etwas, was es so noch nirgendwo anders gibt"), die für eine bestimmte, genau einzugrenzende Kundengruppe (vermutlich) besonders wichtig ist/sind.
2. Geben Sie an, warum diese *Value Proposition* für die Kundengruppe nützlich und wichtig sein könnte.
3. Identifizieren Sie die Kunden und Kundensegmente, für die diese *Value Proposition* besonders nützlich sein wird und geben Sie die Gründe dafür an.
4. Wie ist Ihre eigene Position hinsichtlich dieser *Value Proposition*? Wenn diese Position einzigartig und relevant und der Abstand zum Wettbewerb besonders

VALUE PROPOSITION	Beschreibung und Begründung	Für welche(s) Kundensegment(e)	Eigene Position / USP?	Aktuell stärkster Wettbewerber	Maßnahmen (Chancennutzung & Gefahrenabwehr)
Sortiments-Breite	Komplettes Sortiment ermöglicht Single Sourcing	Insbesondere kleine Unternehmen	USP = Wir können als Einzige den kompletten Baustellenbedarf liefern	Wir selbst, andere können keine 4711-Produkte	Werbung, Direktansprache, Nutzenbroschüre
Produkteigenschaften	Verarbeitbarkeit bis -10°C	...	...	...	...
Preise	Signifikant (<10%) günstigste Preise	...	...	...	...
Produktqualität	Fehler ≤ 1ppm, Vermei-dung Reparaturaufwand	...	...	...	...
Lieferfähigkeit und -qualität	97% auf Lager, OTIF ≥ 98%	...	...	...	...
Qualität der Zusammenarbeit	Schnelle Erreichbarkeit, Kulanz, Sonderwünsche	...	...	...	...
Wechselaufwand und -risiko	Einfacher Lieferanten-wechsel möglich	...	...	...	...
Einfache Verarbeitung, Verarbeitungsaufwand	Geringe Anforderungen an Baustellen-Verarbeitung	...	...	...	...
...	...	...	...	...	...

Abb. 3.2 *Value Proposition* und der Umgang damit

groß ist, dann ist diese *Value Proposition* ein *USP*[7], ein einzigartiges Nutzenversprechen und ein erheblicher Wettbewerbsvorteil.

5. Wer ist aktuell Ihr stärkster Wettbewerber, wie groß der Unterschied zu ihm und was zeichnet den Wettbewerber besonders aus?

6. Welche Maßnahmen zur Gefahrenabwehr oder zur Chancennutzung können und möchten Sie aus der eigenen relativen Position im Verhältnis zum stärksten Wettbewerber ergreifen: Ausbauen der eigenen Stärken, Verbessern von Vermarktung/Kommunikation oder – im Gegenteil – die bewusste Vernachlässigung von Kunden, denen diese *Value Proposition* wichtig ist, die Sie nicht bedienen können?

3.1.6 Value Proposition – Customer Journey

Ergänzen Sie die Analyse der *Value Proposition* durch die Analyse der *Customer Journey* Ihrer Kunden. Von der Bedarfsweckung über Anbieteridentifikation, Anfrage und Bestellung bis zum Zahlungsverkehr und zur Erledigung etwaiger Reklamationen[8] haben Kunden mehr oder weniger konkrete Erwartungen. Mit diesen Erwartungen machen sie ihre Erfahrungen in der Zusammenarbeit mit Ihrem und mit anderen Unternehmen, seien es Wettbewerber oder Unternehmen in ganz anderen Geschäften. Kauft der Einkäufer einer Ihrer Kunden privat bei Amazon, so wird er mit großer Wahrscheinlichkeit seine dortige Einkaufserfahrung[9] mit der bei Ihrem Unternehmen vergleichen und bewerten, selbst wenn es sich um gänzlich andere Leistungen und Kaufprozesse handelt.

---

[7]USP als englisches Akronym für „Unique Selling Proposition", gelegentlich auch als „Unique Selling Point" benannt.

[8]Manche Autoren betrachten – meines Erachtens zu eingeschränkt – nur den Weg vom Interesse zum Kaufprozess; in die Kunden- und Kauferfahrung fließen aber auch alle anderen Eindrücke der Customer-Touchpoints, der Berührungspunkte der Kunden mit einem Unternehmen ein.

[9]Zum Beispiel schnelle Reaktionszeit, umfassende Produktbeschreibung, Bewertung durch andere Käufer, voraussichtliche Lieferzeit, Liefertracking, alternative und ergänzende Produkte etc.

3.1.7 Zielgruppenbestimmung prüfen und anpassen

Aus der Verbindung von Marktanalyse und -verständnis, *Voice-of-Customer* und der *Value Proposition* können Sie Ihre Zielgruppen ermitteln und definieren; diese können sich im Laufe der Zeit und insbesondere in der Krise durchaus geändert haben. Auch die Bedeutung eines Nutzenversprechens kann sich für eine Ihrer Zielgruppen geändert haben: Einem Kunden war bisher möglicherweise die flexible Ausgestaltung der Konditionen wie etwa der Zahlungsziele oder ein *Leasing-statt-Kauf*-Modell unwichtig. In der Krise und bei wachsender Bedeutung der Zahlungsfähigkeit kann dies jedoch zu einem entscheidenden Kaufargument werden, für das er sogar höhere Preise in Kauf nimmt.

Bestimmen Sie Ihre Zielgruppen genau, um Ihren Verkaufsaufwand zu fokussieren, effizienter zu werden und dadurch Ihren Verkaufserfolg zu erhöhen.

3.1.8 Vertriebskanäle prüfen und neu definieren

Im Industriegeschäft gibt es viele sich ergänzende und überschneidende Vertriebskanäle und somit für den Kunden Kaufmöglichkeiten. Dabei wirdsich Ihr Kunde oder Ihr Kundensegment nicht dauerhaft auf einen Vertriebskanal beschränken. Je nach Kaufsituation, Produkt oder aus anderen Gründen werden Ihre Kunden zwischen Alternativen wählen, zum Beispiel:

- *Direktvertrieb* – Bestellung, Fakturierung und Lieferung direkt zum Endverbraucher/Endkunden
- *Streckengeschäft* – Bestellung und Fakturierung über den Handel, jedoch Lieferung an den Endkunden
- *Handelsgeschäft* – Bestellung, Fakturierung und Lieferung an den Handel unter Angabe des Endkunden
- *Vertriebspartner* – Bestellung und Fakturierung über einen Ihrer Vertriebspartner, der zum Beispiel weitere Leistungsbestandteile addiert und diese gemeinsam mit Ihrer Leistung dem Kunden anbietet und liefert
- *Thekengeschäft/Over-the-Counter* – Bestellung, Fakturierung und Lieferung/ Abholung des Endkunden beim Handel, ohne dass Sie von diesem Kauf erfahren
- *Berater* – Zusätzlich können auch Berater eine Rolle spielen, ohne dass sie direkt in das Kaufgeschehen eingebunden sind.

Neben dem Vertriebskanal spielen die Bestell- und Lieferkette und die Abwicklungsmodalitäten eine wichtige Rolle: per Telefon, E-Mail, Fax, EDI, E-Commerce, Online-Plattformen, E-Rechnung oder Kanban-Lagermanagement, bei dem Sie von sich aus beim Erreichen eines Mindestbestands in das Kundenlager liefern, meist im Zusammenhang mit einem Rahmen- oder Abrufvertrag mit Ihrem Kunden. Viele Unternehmen haben bisher eher unzureichend über die Möglichkeiten, Herausforderungen und Risiken der Digitalisierung nachgedacht. In einer Krise können Sie durch ein attraktives und performantes, leistungsfähiges E-Commerce-System nicht nur eine *Nachfrage-Talfahrt* abbremsen, sondern nachhaltig Wettbewerbsvorteile und Marktanteile gewinnen, sofern Sie sich gut vorbereitet haben und professionell vorgehen.

Sie sollten verstehen, ob Ihre Kunden/Kundensegmente ihr Bestellverhalten und die Nutzung der Vertriebskanäle ändern wollen oder müssen. Dies zu erkennen und aktiv zu nutzen, ist ein wichtiger Schritt, um die Zusammenarbeit mit Ihren Kunden zu vereinfachen, zu verbessern und so den Kunden an Ihr Unternehmen zu binden.

3.1.9 „Battlefields"

Battlefields sind die Schlachtfelder, auf denen die Wettbewerbs-Auseinandersetzung um die Gunst Ihrer Kunden und deren Bedarf stattfindet[10]. Aufbauend auf den Kunden-Nutzenerwartungen und den Nutzenversprechen der Anbieter geht es darum, mit welchen Mitteln und Argumenten Kunden gewonnen werden sollen und können. Dabei kann es sich um Preis- und Konditionenkämpfe, Leistungsvergleiche oder Zusatzeigenschaften handeln. Sie können tatsächlich vorhandene Bedarfe und Nutzenerwartungen der Kunden ansprechen oder vermeintlich sinnvolle erfinden und nutzen. Sie können über Social Media, Werbung, Websites, persönliche Kontakte, Direktmailing, Schulungen, Veröffentlichungen, Events oder ähnliches agieren. Gerade in Krisenzeiten geht es zu wie bei einem Kartenspiel, allerdings bei mangelnder Transparenz und mit Zeitverzug der einzelnen Spielzüge[11]. Aktionen treffen auf Reaktionen/

---

[10]Vergleiche dazu das Mercuri International Konzept der „Six Battlefields® (Dannenberg o.J.)".

[11]Beschrieben wird dies theoretisch in der Spieltheorie, erstmals erwähnt bei von Neumann (1928). Sie simuliert in verschiedenen Varianten Entscheidungsprozesse mittels mathematischer Verfahren, wobei sie typischerweise ein rationales Entscheidungsverhalten unterstellt.

Gegenwehr und können durch einzelne Beteiligte oder in Absprache mit Marktpartnern – zum Beispiel dem Handel – erfolgen. Entscheidend ist es, dass Sie Rahmenbedingungen, Handlungsmöglichkeiten und potenzielle Spielzüge der Wettbewerber erkunden, bewerten[12], simulieren und darauf aufbauend eigene Antworten planen und realisieren.

Gerade in der Krise kann es sein, dass Ihr Wettbewerber – sofern auch er von der Krise betroffen ist – seine bisherigen *Battlefields* und Spielzüge ändert, zum Beispiel, weil er selbst ein Kosten- oder Lieferproblem hat.

3.1.10 Ausrichtung, Stories und Messbarkeit

Sie haben oben über verschiedene Elemente der Strategieüberprüfung und -anpassung gelesen, die meist auch zusammenhängen. Sie überzeugen niemanden und führen nicht zu den für eine Umsetzung nötigen Entscheidungen, sofern sie isoliert dargestellt und verwendet werden. Daher sollten Sie aus den einzelnen Elementen eine kohärente, überzeugende *Story* aufbauen. Dies insbesondere, um Strategieänderungen zu kommunizieren, Entscheidungen zu bewirken und für notwendig gewordene Veränderungsprozesse zu nutzen. Für diese *Story* können Sie sich an den folgenden vier Anforderungen/Leitlinien orientieren:

1. Formulieren Sie klar und einfach, kommunizieren Sie verständlich, begründen Sie nachvollziehbar.
2. Die *Story* sollte für alle Beteiligten und Betroffenen in Ihrem Unternehmen attraktiv oder zumindest akzeptabel sein. Machen Sie deutlich, was anders und neu ist und warum es Vorteile hat.
3. Die *Story* muss weitgehend faktenbasiert und nachprüfbar sein.
4. Nutzen und Umsetzung der *Story* sollten messbar sein, es muss Kennzahlen geben, anhand derer Sie Aktivitäten, Zielerreichung und Nutzen feststellen und überprüfen können.

Beachten Sie, dass Strategieentwicklung mehr und etwas anderes ist als bloße strategische Planung (s. Lovallo 2007). Strategie und *Strategiestory* kommen zuerst und zeigen die Gründe und Wege zum Erfolg und zur Nutzung von

---

[12]Im Hinblick auf Eintrittswahrscheinlichkeit und Auswirkungen.

Marktchancen auf. Die strategische Planung liefert danach (lediglich) die zu erreichenden Kennzahlen, die für die Steuerung wichtig sind, aber erst in einem zweiten Schritt.

3.2   Vertriebssteuerung

„Only what gets measured, gets done"[13] – nur was Sie messen (können), werden Sie auch erreichen. Der Vertrieb vor oder in einer Krise – und auch ohne jeden Krisenbezug – braucht nach seiner strategischen Ausrichtung ein schnelles, transparentes und flexibles Steuerungssystem, von dem ich Ihnen im Folgenden vier Elemente vorstelle.

3.2.1   Szenarien

In der Krise ist vieles ungewiss – siehe VUCA. Nichts ist dann einfach berechen- und planbar, Prognosen sind schwierig. Daher können und sollten Sie die Annahmen für Ihre Prognosen treffen und klar dokumentieren. Die Annahmen können sich im Nachhinein als falsch oder als im Zeitverlauf als nicht mehr zutreffend erweisen. Darauf sollten Sie reagieren können, am besten indem Sie mit flexiblen Szenarien arbeiten. Szenarien basieren auf den folgenden fünf Elementen:

* Annahmen
* Rechenweg
* Rechenergebnis
* gegebenenfalls der Anpassung der Annahmen
* Konsequenzen

Annahmen
Üblicherweise unterscheidet man drei Szenarien, die beschrieben und begründet werden müssen:

1. *Best Case Szenario* – der bestmögliche, aber immer noch wahrscheinliche Fall,

---

[13]Unklare Quellenlage, ich schreibe es dem ehemaligen CEO von ABB, Percy Barnevik zu.

2. *Worst Case Szenario* – der schlechtestmögliche, aber immer noch wahrscheinliche Fall,

3. *Most-Likely Szenario* – der Fall, der mit größter Wahrscheinlichkeit eintritt, ein Mittelweg, der meist auch den Detailrechnungen zugrunde gelegt wird.

Zwischen *Best Case* und *Worst Case* liegt die Bandbreite der mutmaßlichen Entwicklungen – besser und schlechter wird es voraussichtlich nicht, wobei der Begriff *voraussichtlich* unter folgenden Einschränkungen zu sehen ist:

• zum jetzigen Zeitpunkt,
• unter den jetzt bekannten Umständen und Informationen,
• basierend auf den jetzt als wesentlich angesehen Kriterien.

Wenn sich diese Einschränkungen ändern, müssen Sie die Szenarien prüfen und gegebenenfalls verwerfen oder anpassen. Daher sollten Sie die Szenario-Annahmen nachvollziehbar beschreiben, erläutern und aus der aktuellen Kenntnis heraus begründen. Umso leichter kann man dann über sie diskutieren, sie gegebenenfalls anpassen und auf ihrer Basis Entscheidungen treffen.

Rechenweg
Um die Konsequenzen der Szenario-Annahmen zu ermitteln, sollten Sie den Rechenweg nachvollziehbar darstellen. Sie sollten die benötigten Basisdaten zur Verfügung stellen oder gegebenenfalls durch weitere, begründete Annahmen ersetzen. Wichtige Elemente für das Durchrechnen der Szenarien sind

• die Elastizität der Nachfrage[14], also der Zusammenhang von Preis und Nachfrage und somit möglichem Absatz,
• die Elastizität der Kosten[15], d. h. die Änderung der Kosten in Abhängigkeit vom Absatz,
• die Basiswerte der Kosten auf Voll- und Grenzkostenbasis,

---

[14]Sie sagt aus, um wieviel Prozent sich die Nachfrage ändert, wenn der Preis um x Prozent erhöht oder reduziert wird.

[15]Sie sagt aus, um wieviel Prozent sich die Kosten ändern, wenn sich der Absatz um x Prozent erhöht oder reduziert; wichtig ist hierbei zu berücksichtigen, ob und wann sich Kosten sprunghaft ändern, weil zum Beispiel eine Nachtschicht in der Produktion benötigt wird.

- die mögliche Beeinflussbarkeit[16] der Kosten, d. h. inwieweit Kosten durch bewusste Entscheidungen in Ihrem Unternehmen beeinflusst werden können.

Die meisten IT-Systeme sind nicht auf das Arbeiten mit Szenarien ausgelegt. Zudem kommt es bei der Szenariorechnung nicht auf eine *buchhalterische Genauigkeit* an. Daher werden Szenarien häufig mit einfachen Tabellen-kalkulationen wie MS Excel, auf der Basis von Daten aus den produktiven IT-Systemen, wie zum Beispiel SAP FI/CO gerechnet. Besser wäre es, Szenarien mithilfe Ihrer Standardsysteme durchzurechnen, um Exceleingabe- oder Formel-fehler auszuschließen. Am Ende sollten Sie ein Rechenwerk zur Verfügung haben, das nachvollziehbare Ergebnisse liefert und schnell sowie einfach auf geänderte Annahmen reagieren kann, mit dem Sie *spielen* können.

Rechenergebnis und Kennzahlen

Am Ende der Szenariorechnung stehen die in Ihrem Unternehmen üblichen finanziellen Ziel- und Steuerungswerte des Unternehmens[17], zumeist ein EBIT, EBITDA, CEBIT, CEBITDA – hier hat jedes Unternehmen seine eigenen Kern-Steuerungs- und Zielgrößen definiert. Zusätzlich können und sollten Sie die üblichen Schlüsselgrößen Ihres Controllings ermitteln, wie zum Beispiel die Margen, Deckungsbeiträge oder der Anteil der Fixkosten, natürlich ebenso Brutto- und Nettoumsatz.

Darüber hinaus sollten Sie aber auch Veränderungswerte[18] für Aktivitäten und für nichtfinanzielle Ergebnisse ermitteln und in die Berechnung und Simulation einbeziehen, wie zum Beispiel *Churn*/Kundenverlustrate[19] oder die Zahl der

---

[16]So können zum Beispiel Werbekosten oder Ausgaben für Training und Berater kurzfristig reduziert werden, nicht aber die direkten Kosten der Produktion.

[17]Ich nenne sie KPI – Key Performance Indicators – und verstehe sie als Ergebniswerte; sie werden im Englischen auch als „lagging indicators" bezeichnet.

[18]Ich nenne sie KCI – Key Change Indicators – und verstehe sie als Aktivitätenwerte für den Aufwand (zum Beispiel die Anzahl Neukundenbesuche) oder für nicht-finanzielle Ergebnisse (zum Beispiel die Zahl gewonnener Neukunden); sie werden im Englischen aus als „leading indicators" bezeichnet.

[19]Churn oder Kundenverlustrate verstehe ich als Prozentsatz der Zahl der Kunden-abwanderung im Verhältnis zur Gesamtkundenzahl (zum Beispiel 20 verlorene Kunden bei insgesamt 1.000 Kunden ergibt eine Kundenverlustrate, einen Churn von 2 %); gelegent-lich wird Churn auch als Nettowert berechnet, das heißt, es werden die neu gewonnenen Kunden gegengerechnet.

Kundenkontakte. Diese Aktivitätenkennzahlen/KCI sind ausschlaggebend für die Steuerung, da nur sie direkt beeinflusst werden können. So können Sie zum Beispiel die Anzahl der täglichen Kundenkontakte Ihrer Vertriebsmitarbeiter direkt beeinflussen, nicht aber den Umsatz als Resultat.

Anpassen der Annahmen
Sobald die Rechenergebnisse vorliegen, werden Sie üblicherweise die Annahmen hinterfragen und gegebenenfalls anpassen. Zum Beispiel können Sie die eigene Risikoeinstellung hinterfragen oder prüfen, welche negativen Auswirkungen Ihr Unternehmen maximal akzeptieren kann oder will.

Konsequenzen
Wenn klar ist, mit welchen Auswirkungen Ihr Unternehmen rechnen muss und was es sich erlauben kann, müssen Sie Konsequenzen ziehen, Maßnahmen definieren und ergreifen. In diesem *essential* bespreche ich nur die Konsequenzen für Vertrieb und Vermarktung an, nicht aber Konsequenzen in anderen Teilen des Unternehmens, wie zum Beispiel in Produktion, Logistik oder Produktentwicklung.

3.2.2   Kritische Kennzahlen

In der Krise gibt es einige kritische Kennzahlen, die Sie beobachten sollten. Hierzu zählen unter anderem:

1. Umsatz und Auftragseingang – absolut, im Vergleich zum Vorjahr, zum Budget und Forecast – insgesamt sowie nach Kunden, Produktgruppen, Regionen etc. –, Ermittlung besonders positiver und besonders negativer Entwicklungen
2. Preisentwicklung – nach Produkten, für Kunden etc. – gegenüber dem Vorjahr und gegenüber dem Durchschnitt
3. Entwicklung von Zahlungseingang, Zahlungsausfällen und Skontoabzug – gesamt und für kritische Kunden
4. Entwicklung der Dauer des Verkaufsprozesses/*Sales Cycle*, insbesondere im Projektgeschäft

5. Entwicklung der Projekt-Erfolgsquote/*Hitrate*/*Conversionrate* sowie der Anzahl neuer Projekte
6. Sofern regelmäßig gemessen: Entwicklung der Kundenzufriedenheit, zum Beispiel über die Entwicklung des *NPS*[20]
7. Darüber hinaus allgemeine Kennzahlen der Volkswirtschaft: Wachstumsrate, Arbeitslosenquote, Insolvenzen, Stimmungsbarometer, etc.

Es sollte selbstverständlich sein, dass Sie die verwendeten Kennzahlen, ihre Berechnung und Wirkung eindeutig definieren. Eine geringe Zahl eindeutig definierter Kennzahlen – messbar, mit klarem Wirkungszusammenhang und bekannter Beeinflussbarkeit – ist meist besser als zu viele. Zudem sollten Sie die Kennzahlen zeitnah ermitteln, auswerten und veröffentlichen, damit Sie sie für das nutzen können, wofür sie benötigt werden: zur Unterstützung Ihrer Entscheidungsfindung.

3.2.3 Dashboards und Instrumente zur Steuerung mit Kennzahlen

Um mit Kennzahlen sinnvoll arbeiten zu können, sollten Sie sie eingängig und anschaulich darstellen. Dashboards machen das Arbeiten mit Kennzahlen einfach, ebenso Grafiken, die die zeitliche Entwicklung, Abweichungen zum Budget, Vorjahr oder einem gleitenden Durchschnitt deutlich machen. Für Einmalaktionen können Sie durchaus mit Excel arbeiten, für die dauerhafte Steuerung ist es vermutlich besser, andere, *fest verdrahtete* Instrumente einzusetzen[21].

Balanced Scorecard, OKR und Hoshin Kanri
Bereits vor einer Krisensituation wäre es gut darüber nachzudenken, eines der erprobten Steuerungs- und Strategie-Umsetzungsinstrumente einzuführen. Aus meiner Sicht bietet sich insbesondere *Hoshin Kanri* (s. Klesse 2019; Kudernatsch

---

[20]NPS ist das Akronym für den Net Promoter Score, eine Kennzahl, die die Differenz in Prozentpunkten von Empfehlern (Promotoren) und Nicht-Empfehlern (Detraktoren) angibt und die zwischen 100 und -100 liegen kann (s. Reichheld 2003).
[21]Derzeit ist zum Beispiel PowerBI von Microsoft ein einfach umzusetzendes, vielseitiges und flexibles Instrument oder SAP BI.

2019) an, da dort kurz- und mittelfristige Ergebnisziele (KPI, *lagging indicators*), Aktivitätenziele (KCI, *leading indicators*), Umsetzungsprojekte und Verantwortlichkeiten in der *Hoshin X-Matrix* miteinander verbunden werden. Ebenso sind die *Balanced Scorecard* (zur Kombination von *Balanced Scorecard* mit *Hoshin Kanri* siehe DeBusk 2011) oder das mit *Hoshin Kanri* verwandte *OKR*[22] eine Option – sowie Kombinationen aus diesen Tools.

Allerdings wird es Ihnen nicht gelingen, eines dieser Instrumente während einer bereits laufenden Krise einzuführen. Dann sollten Sie das ausgewählte Instrument bereits eingeführt und erprobt haben, um ein probates Mittel zur Unternehmenssteuerung und Umsetzung einer (neuen) Unternehmensstrategie nutzen zu können.

3.2.4 Risikomanagement

In der Krise braucht Ihr Unternehmen ein transparentes Instrument für das Risikomanagement. Egal, in welcher Form und wie Sie es realisieren, beinhaltet es in der Regel folgende Elemente, die Sie in einem Tool/Dashboard darstellen sollten:

1. Risikoidentifikation und Benennung
2. (Detail-) Beschreibung des Risikos
3. Bewertung der Eintrittswahrscheinlichkeit, zum Beispiel auf einer Skala von 1–10
4. Bewertung der Auswirkungen, sofern das Risiko eintritt, zum Beispiel ebenfalls auf einer Skala von 1–10
5. gegebenenfalls Klassifizierung des Risikos, zum Beispiel nach der weiter vorn erwähnten WBGU-Typisierung
6. Datum der aktuellen Bewertung
7. Beschreibung der Veränderung seit der letzten Bewertung
8. Maßnahme zur Risikobeherrschung, einschließlich zum Beispiel Verantwortlichkeiten und weitere Informationen.

---

[22]OKR steht als Akronym für Objectives and Key Results, (s. Doerr 2018 oder Kudernatsch 2020).

3.3   Mehr Effizienz und Wirkung im Vertrieb

Neben vielen anderen Hebeln wird Ihr Vertrieb in der Krise einen wesentlichen Beitrag zur Risikobeherrschung und Genesung leisten können und müssen. Ein erster – vielleicht der wichtigste – Schritt dazu ist die Steigerung von Effizienz[23] und Wirksamkeit/Effektivität Ihrer Vertriebsorganisation und Ihrer Vertriebsinstrumente. Systematisieren und fokussieren Sie Ihren Vertriebsaufwand. Dazu betrachten wir die folgenden sieben Ansätze:

1. Zielgerichteter Vertriebseinsatz/Fokussierung und differenzierte Betreuung durch Kundenklassifizierung
2. Aktive Neukundengewinnung
3. Kunden- und Aufwandsplanung
4. Pipelinemanagement
5. Preis- und Konditionenmanagement
6. Initiativen und Kampagnen
7. Verbessern von Verkaufskompetenz und Motivation der Verkäufer.

3.3.1   Zielgerichteter Vertriebseinsatz durch Kundenklassifizierung

Nicht alle Kunden haben für Ihr Unternehmen dieselbe Bedeutung. Mit manchen sind Sie bereits stark gewachsen, bei manchen haben Sie ein großes Abwanderungsrisiko und bei weiteren könnten Sie sogar noch stärker wachsen. Dennoch behandeln viele Unternehmen alle Kunden mehr oder weniger gleich. Hierdurch verschwenden Sie die begrenzten Kapazitäten Ihres Vertriebs und investieren zugleich zu wenig in Kunden mit besonders viel Potenzial oder besonders hohen Risiken. Dies umfasst sowohl die (Besuchs-)Tätigkeiten des Außendiensts als auch besondere Unterstützung, zum Beispiel durch Schulungen und Events, Bereitstellung von Produktmodellen, Marketingmaterial oder eine bevorzugte Behandlung im Innendienst bei Anfragen, Angeboten und Bestellungen.

Klassifizierung
Ausgangspunkt einer differenzierten Behandlung Ihrer Kunden ist deren Klassifizierung, ihre Einordnung in unterschiedlich zu behandelnde Kundenklassen.

---

[23]Hier ist insbesondere die Zielerreichung mit geringerem Aufwand gemeint.

Kunden-Klassifizierung		Wachstumspotential (Umsatz & Marge)	
		Niedriges Potenzial	Hohes Potenzial
Aktueller Ergebnisbeitrag (Umsatz & Marge)	**Hoher Beitrag** (zugleich hohes Risiko)	**Pflegekunden** Kunden mit hohem Umsatz und guter Marge – und insofern auch Verlustrisiko, aber wenig Wachstumspotenzial → *pflegen, verteidigen und schützen, aber mit begrenztem Aufwand*	**Wachstumskunden** Kunden mit bereits heute hohem Umsatz und guter Marge sowie erheblichem Wachstumspotenzial → *hohen Aufwand zur Pflege und Weiterentwicklung betreiben*
	Geringer Beitrag (zugleich geringes Risiko)	**Randkunden** Kunden mit heute geringem Ergebnisbeitrag und wenig Wachstumschancen oder -potenzial → *wenig Aufwand betreiben und hohe Preise verlangen*	**Selektionskunden** Kunden mit heute geringem Ergebnisbeitrag, aber Wachstumspotenzial und vermuteten Chancen → *selektiv hohen Aufwand bei Kunden mit vermuteten Chancen betreiben; andere vernachlässigen*

Abb. 3.3 Kundenklassifizierungs-Matrix

Einer meiner Kunden verwendet für die eigene Kundenklassifizierung eine Unterteilung wie in Abb. 3.3 dargestellt. Um diese oder eine andere Klassifizierung vornehmen zu können, sollten Sie zuerst die Bewertungskriterien und den Bewertungsprozess festlegen. Dies können Schwellenwerte für Umsatz, Deckungsbeitrag, *Share-of-Wallet*[24], das vergangene und das erwartete Wachstum sein. Klassifizieren Sie die Kunden mit einem Instrument, das Ihre Kunden in einem ersten Schritt rein mathematisch in Abhängigkeit von den definierten Schwellenwerten klassifiziert. Dadurch führen Änderungen der Schwellenwerte unmittelbar und automatisiert zu einer Veränderung der Klassenzugehörigkeit und Klassengrößen. So können Sie simulieren und die Schwellenwerte anpassen. Am Ende haben Sie Ihre Kunden in vier oder mehr Klassen eingeteilt. Sie können auch, sofern Sie sehr unterschiedliche Kundentypen haben, mehrere Klassifizierungsmodelle verwenden. Es kann zum Beispiel sinnvoll sein, Handelskunden anders – vor allem mit anderen Schwellenwerten – zu klassifizieren als Endkunden.

---

[24]Share-of-Wallet ist der Lieferanteil, d.h. der beim eigenen Unternehmen tatsächlich gekaufte Anteil am (theoretisch) möglichen Gesamtbedarf.

Differenzierte Betreuung nach Kundenklassen
Was folgt aus der Klassifizierung für den einzelnen Kunden und für die Steuerung
Ihres Vertriebs? Drei Beispiele verdeutlichen, wie die Klassifizierung den Ver-
triebsaufwand steuern kann:

1. Differenzierung des *Betreuungseinsatzes* von Außendienst[25] und Innendienst: zum Beispiel Besuche, Schulungen, Events, Musterüberlassung,
   Servicelevel.[26]
2. *Flexibilität und Attraktivität der Konditionen:* Es wäre falsch, wenn Sie
   einem *Randkunden* besonders attraktive Konditionen[27] gewährten; anderer-
   seits können Sie für die Gewinnung und Entwicklung eines *Selektionskunden*
   diesem durchaus attraktive Sonderkonditionen anbieten.
3. *Umgang mit knappen Ressourcen:* Einen *Pflegekunden* werden Sie bei
   knappem Lagerbestand vor einem *Randkunden* beliefern, bei Anfragen eines
   Selektionskunden werden Sie gegebenenfalls sogar Sonderlösungen bereit-
   stellen.

Dahinter stehen die Idee und Erkenntnis, dass die Ressourcen und Möglichkeiten
in jedem Vertrieb knapp und begrenzt sind. Sie müssen sie daher zielgerichtet
genau dort einsetzen, wo sie den höchsten Nutzen und Ertrag bringen.

3.3.2 Neukundengewinnung

Neben der Weiterentwicklung Ihrer bestehenden Kunden, zum Beispiel mittels
Kundenklassifizierung und einer verstärkten Betreuung der Kunden mit dem
höchsten Potenzial, können Sie auch in der Krise neue Kunden und neue Projekte
ansprechen und gewinnen. Aber: Wie finden Sie neue Kunden und neue Projekte,
mit welchen Argumenten gewinnen Sie sie?

Identifikation potenzieller Neukunden
Im Industriegeschäft haben Sie üblicherweise nicht Hunderttausende potenzieller
Kunden. Die Kunden- und Potenzialkundenzahl liegt eher im Bereich einiger

---

[25]Es kann zum Beispiel der Anteil an der gesamten Besuchszahl eines Außendienstmitar-
beiters einer Klasse zugewiesen werden, wie etwa „maximal 5% der Zeit für Randkunden".

[26]Unter Servicelevel kann zum Beispiel die Zeit verstanden werden, in dem einem Kunden
spätestens ein Angebot zugestellt werden muss.

[27]Zum Beispiel Skonti, Boni, Zahlungsbedingungen, Frachtfreigrenzen, Werbekosten-
zuschüsse.

tausend Unternehmen, also einer überschaubaren Zahl, die man ohne *Big Data* und *Künstliche Intelligenz* bearbeiten kann. Natürliche Intelligenz reicht in Verbindung mit einigen Instrumenten und einem begrenzten Aufwand.

Üblicherweise kennen Sie die Industrien/Branchen Ihrer heutigen Kunden, kennen die Anwendungen, für die Ihre Produkte und Leistungen verwendet und eingesetzt werden. Sie kennen auch die Verbände, Konferenzen und Messen, auf und in denen Ihre Kunden und potenziellen Kunden vertreten sind. Möglicherweise können Sie sogar Kundennamen und -adressen auf Basis des *NACE Codes*[28] und der entsprechenden Selektion kaufen, vielleicht sogar mit Angaben zu Umsatz und Mitarbeiterzahl. Die Liste dieser Kunden müssen Sie in der Regel noch manuell bearbeiten und klassifizieren. Dabei können Sie zum Beispiel die Klassen aus Abb. 3.4 verwenden, die dann auch Ausgangsbasis für Ihre Steuerung des Akquisitionsaufwands sind. Die Klassifizierung erfolgt entweder durch den

Nichtkunden-Klassen		Akquisitionschance	
		Gering	Hoch
Potenzial	Hoch	**Prüfen** Unternehmen mit großem Bedarf, die für uns jedoch schwierig zu gewinnen sind (z.B. enttäuschte Altkunden) → nur im Einzelfall nach Prüfung und mit begrenztem Aufwand bearbeiten	**Fokus** Potenzielle Kunden mit großem Bedarf, für die wir Argumente / Hebel haben, um sie zu gewinnen → zielgerichtet mit erster Priorität angehen
	Gering	**Vernachlässigen** Uninteressante, kleine Unternehmen, bei denen wir auch keine Chancen sehen → keinen Aufwand betreiben	**Mitnehmen** Potenzielle Kunden mit kleinem Bedarf, für die wir Argumente / Hebel haben, um sie zu gewinnen → mit zweiter Priorität angehen

Abb. 3.4 Klassifizierung potenzieller Kunden

[28]Hilfreich für Verständnis und Nutzung von Wirtschaftszweigen ist der NACE Code (derzeit aus 2008), eine statistische Systematik der Wirtschaftszweige in der Europäischen Gemeinschaft zur Klassifizierung von Wirtschaftszweigen, einsehbar über das Statistische Bundesamt.

eigenen Vertrieb oder alternativ durch temporär eingesetzte Kräfte, wie beispielsweise durch den Einsatz von Dualen Studierenden oder Leasingkräften.

Am Ende erhalten Sie eine differenziert bewertete *Akquisitionsdatenbank*,
die für die weitere Bearbeitung und Akquisitionstätigkeit genutzt werden kann
(s. Abschn. 3.3.3 sowie Abschn. 3.3.6).

Identifikation potenzieller Neuprojekte
Sind Sie im Projektgeschäft tätig und wissen nicht, ob Ihnen alle potenziellen
neuen Projekte – zum Beispiel Bauvorhaben Ihrer Kunden und potenziellen
Kunden – im Markt auch tatsächlich bekannt sind? Auch hier gibt es Möglichkeiten, sich über neue Projekte rechtzeitig zu informieren. Abhängig von Ihrer
Branche können Sie unter Umständen Informationen über neue Projekte kaufen[29]
oder Sie können sie über möglicherweise nicht unerheblichen Rechercheaufwand
identifizieren[30].

Die so identifizierten potenziellen Projekte sollten Sie – ebenso wie Ihre
Kunden und potenzielle Neukunden – bewerten, bevor Sie sie in die Projektpipe-
line zur weiteren Bearbeitung geben. Da Ihr Vertrieb auch für die Projektarbeit
nur begrenzte Kapazitäten hat, ist eine kritische Bewertung und Fokussierung auf
diejenigen Projekte hilfreich, die groß, voraussichtlich profitabel genug sind und
zugleich eine realistische Akquisitionswahrscheinlichkeit haben.

3.3.3 Kunden- und Aufwandsplanung

Wie bereits mehrfach gesagt, ist die Kapazität Ihres Vertriebs für die Betreuung
der bestehenden und Gewinnung neuer Kunden und Projekte begrenzt; möglicherweise in der Krise sogar noch stärker als im normalen Geschäft. Alle
gesetzten Aufgaben und vermuteten Potenziale können Sie daher nur erfüllen und
gewinnen, wenn Sie Ihre vorhandenen Ressourcen und Potenziale sinnvoll planen
und einsetzen. Hierunter verstehe ich die Planung der wichtigsten Kunden und

---

[29]In der Baubranche gibt es zum Beispiel derartige Projektdaten zu erwerben von der Firma
InfoBau-Münster (https://www.infobau-muenster.de/).
[30]Typische Quellen hierzu sind branchenspezifische Zeitschriften und Verbandsveröffent-
lichungen.

Potenzialkunden ebenso wie die Einsatzplanung/Nutzung der Vertriebskapazitäten.

Kundenplanung

Mittels *Kundenklassifizierung* (Abschn. 3.3.1) und *Akquisitionsdatenbank* (Abschn. 3.3.2) haben Sie diejenigen Kunden identifiziert, für die sich ein besonderer Einsatz vermutlich auch besonders lohnen wird. Es handelt sich hierbei – entsprechend der hier vorgeschlagenen Begriffe – um die *Pflege- und Wachstumskunden* sowie die *Nichtkunden mit Fokus-Klassifizierung*. Diesen Einsatz sollten Sie im Detail planen sowie die Umsetzung kontrollieren und überwachen.

Typischerweise kann ein einzelner Außendienstmitarbeiter nicht all seine Kunden im Detail planen. Daher wird und sollte er sich in seiner Kundenplanung auf seine wichtigsten Kunden konzentrieren. Bei einem meiner letzten Kunden hatte jeder Außendienstmitarbeiter im Durchschnitt 150 bis 200 aktive Kunden. Für seine Kundenplanung konzentrierte er sich auf 15 bis 20 seiner Topkunden (*Pflege- und Wachstumskunden*) und seine Kunden mit dem größten Potenzial. Für diese Topkunden erstellt er eine Kundenplanung wie zum Beispiel in Abb. 3.5 illustrativ dargestellt und dokumentiert den Fortschritt der Initiativen, Kampagnen und Ergebnisse sowie alle Informationen und Erkenntnisse, die zur Betreuung des Kunden wichtig sind. Die Kundenplanung wird von seinem Regionalverkaufsleiter überwacht, der ihn zudem bei der Planung und Umsetzung unterstützt. Üblicherweise werden diese Informationen und Planungen in einem CRM-System durchgeführt, an das daher hohe Anforderungen gestellt werden.

Das hier vorgestellte Muster der Kundenplanung gilt nicht nur für Außendienstmitarbeiter, sondern auch für deren Vorgesetzte, die die ihnen zugewiesenen Kunden – sofern sie selbst Kunden betreuen – ebenfalls klassifizieren und planen müssen.

Aufwandsplanung für den Außendienst

Wie viele Besuche kann ein Außendienstmitarbeiter Ihres Unternehmens sinnvoll pro Jahr machen und wie setzt er seine Zeit am besten ein? Unter der Annahme, dass ein Außendienstmitarbeiter maximal vier Tage in der Woche unterwegs ist – die restliche Zeit verwendet er für Planung und Nachbereitung seiner Besuche

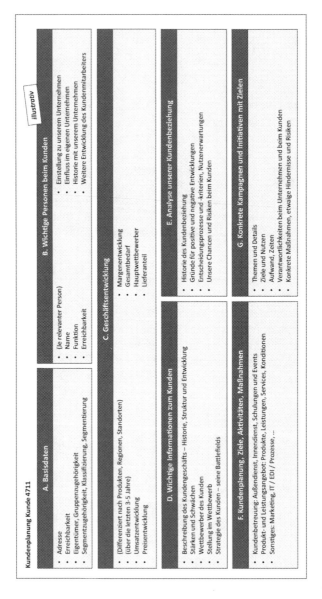

Abb. 3.5 Dokument zur Planung der Topkunden (schematisch)

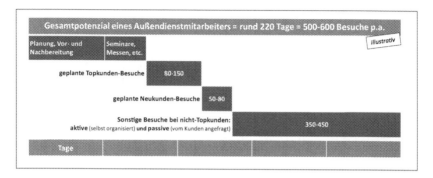

Abb. 3.6 Übersicht einer Außendienst-Jahresplanung

sowie andere Termine – und er pro Tag drei bis fünf Besuche machen kann, schafft er pro Jahr rund 500 bis 600 persönliche Kundenkontakte – bei Ihnen mag die Zahl anders sein. Für seine Topkontakte, die er mit größerem Aufwand betreut, könnte er vier bis acht Besuche pro Jahr eingeplant haben, in Summe 80 bis 150 Besuche pro Jahr. Den Rest seiner Zeit könnte er für Neukundenbesuche, zum Beispiel 50 bis 100 Termine pro Jahr, abhängig von seiner *Akquisitions-datenbank*, und die normale, aktive und passive Betreuung[31] der restlichen Kunden vorgesehen und eingeplant haben (s. Abb. 3.6).

Wichtig ist, dass Sie nicht nur planen, sondern die Ausführung und Einhaltung der Pläne durch Überprüfung und Coaching sicherstellen. Üblicherweise werden Sie dazu Besuche und Besuchsaktivitäten im CRM-System festhalten, das entsprechend auswertbar sein muss[32].

Einsatz in der Krise

Möglicherweise müssen Sie die Kunden- und Aufwandspläne in einer Krisensituation anpassen, um insbesondere solche Kunden verstärkt zu betreuen und zu besuchen, bei denen Sie Umsatzrückgänge festgestellt haben oder erwarten.

---

[31]Unter aktiv verstehe ich, dass die Besuchsplanung vom Außendienstmitarbeiter ausgeht, passiv bedeutet, dass der Kunde den Besuch angefordert hat.

[32]Zum Beispiel über PowerBI als Auswertungsinstrument.

3.3.4 Pipeline-Management

Pipeline-Management[33] ist für Sie wichtig, sofern Ihr Unternehmen im Projekt-geschäft sowie in Geschäften mit einem besonders langen *Sales Cycle*[34] tätig ist. Am Anfang einer *Sales-Pipeline* steht die Idee oder Anfrage zu einer *Opportunity*[35] und am Ende der Auftrag oder Vertragsabschluss. Dazwischen liegen Einzelschritte oder Phasen, in denen sich die *Opportunity* weiter-entwickelt, zum Beispiel von der Idee zur Anfrage, zur Angebotserstellung und Vertragsverhandlung bis hin zu Auftragserteilung, -prüfung und -bestätigung. Für die Abbildung und Planung in einem CRM-System werden Sie diese Einzelschritte oder Phasen typischerweise standardisieren, wobei nicht jede *Opportunity* in einer *Sales-Pipeline* auch alle Einzelschritte durchlaufen muss. Mit Ihrem *Pipeline-Management* stellen Sie sicher, dass (nur) attraktive Projektideen/*Opportunities* auch tatsächlich zu Aufträgen werden und zugleich nicht zu viel Aufwand in *Opportunities* investiert wird, die das Unternehmen nicht gewinnen kann oder die voraussichtlich unprofitabel sein werden. Beim *Pipeline-Management* bilden Sie diese Projektchancen typischerweise ab, messen und handeln entsprechend. Als Messwerte können Sie insbesondere verwenden:

- die *Hitrate* oder *Conversionrate*, das heißt der Prozentsatz der *Opportunities*, die tatsächlich zu einem Auftrag werden; dies kann als Anzahl der Verkaufs-chancen und/oder als Eurowert gemessen werden,
- *Anzahl und Wert der Opportunities in jeder Phase*; als absoluter Wert und als ein mit der Gewinnwahrscheinlichkeit gewichteter Wert,
- die gesamte *Durchlaufzeit des Sales Cycle* ebenso wie die Verweildauer in einer Phase,
- die *Churnrate* von einer Phase zur nächsten, die Ihnen angibt, wie viele *Opportunities* an welcher Stelle verlorengehen; entweder an einen Wettbewerber oder weil sie vom potenziellen Auftraggeber nicht weiterver-folgt wurden.

---

[33]Siehe auch die Website von Mercuri International (2020) zum Thema Pipeline-Management, auf der auch zwischen den Phasen/Schritten aus Verkäufer- und Käufersicht unterschieden wird.

[34]Als Sales-Cycle-Dauer bezeichne ich die Zeit vom Erstkontakt mit einer Opportunity bis zum Auftragseingang bzw. Vertragsabschluss.

[35]Der im CRM-System übliche Begriff „Opportunity" kann als Verkaufschance übersetzt werden und wird von mir verwendet für diejenigen Kundenprojekte (z. B. Bauvorhaben), die positiv bewertet wurden.

Aktuelle Phase	Gewichtung [%]	Anzahl [#]	Nominal-Wert [k EUR]	Gewichteter Wert [k EUR]	Ø-Verweildauer [Tage]	Churn (Wert) [%]
tatsächliche Kundenprojekte (geschätzt)	0%	250	1.250,0	-	-	
Identifiziert und offen	5%	30	180,0	9,0	20	
Vor-Abklärung	10%	20	140,0	14,0	50	5%
Anfrage	20%	25	210,0	42,0	12	10%
Anfrageklärung	25%	10	70,0	17,5	8	0%
Angebotserstellung	30%	35	310,0	93,0	22	25%
Angebotsabgabe	30%	30	280,0	84,0	2	0%
Angebotsverhandlung	50%	10	115,0	57,5	15	4%
informelle Zusage vor Auftrag	90%	12	175,0	157,5	15	75%
Auftrag / Vertrag	100%	127	1.127,0	1.127,0		4%
Am Ende verloren (abgegebene Angebote)	0%	15	80,0	-		80%
Projekt abgesagt (abgegebene Angebote)	0%	4	67,0	-		10%
Summe		568	4.004,0	1.601,5	144	40,0%

Abb. 3.7 Vertriebspipeline in einer Tabelle

Die in Abb. 3.7 dargestellte *Sales-Pipeline* ist eher untypisch[36]. Sie können sie aber gut zum Management der in der *Sales-Pipeline* befindlichen *Opportunities* nutzen. Insbesondere sind in jeder Zeile/Phase nur diejenigen *Opportunities* aufgeführt, die sich gerade in dieser Phase befinden und so auch aus dem CRM-System herausgelesen werden können.

Erfahrungsgemäß erhöht die Reduktion der Verweildauer in einer der Phasen die Wahrscheinlichkeit, eine *Opportunity* am Ende zu gewinnen und in einen Auftrag zu verwandeln. Dies bedeutet umgekehrt, dass Liegenlassen und Nicht-Nachverfolgen einer *Opportunity* mit großer Wahrscheinlichkeit zu deren Verlust führen wird.

Pipeline-Management in der Krise
Gerade in der Krise sind drei Punkte für Sie besonders wichtig:

1. Wie bereits in Abschn. 3.3.2 unter *Identifikation potenzieller Neuprojekte* dargestellt, sollten Sie alle attraktiven Neuprojekte identifizieren und auf dem *Projekte-Radarschirm* (das heißt in der *Sales-Pipeline*) des Unternehmens erfassen und abbilden.
2. Sie sollten rechtzeitig und ständig die Gewinnwahrscheinlichkeit und die vermutete Profitabilität des späteren Auftrags ermitteln; durch rechtzeitigen Ausschluss und Nicht-Weiterverfolgung uninteressanter *Opportunities* gewinnen Sie Bearbeitungskapazität, mit der Sie die wirklich attraktiven Verkaufschancen umso sicherer in einen Auftrag konvertieren können. Bewährt hat sich hierfür ein definierter Prozess mit klaren Verantwortlichkeiten, zum Beispiel durch ein Projektbewertungsteam.
3. Alle attraktiv bewerteten Verkaufschancen müssen Sie besonders schnell nachverfolgen, um auf etwaige Änderungen in den Anforderungen reagieren zu können und um die Verweildauer zu minimieren.

Ihre *Sales-Pipeline* werden Sie ohne Einsatz eines entsprechenden Instruments nicht sinnvoll managen können. Dies ist üblicheweise ein CRM-System mit Auswertungstools, das Sie aber bereits vor einer Krise eingeführt haben sollten.

---

[36]In der Literatur und im Web sind Sales-Pipelines meist als Trichter dargestellt, die dann aber nicht unbedingt auch die aktuell in einer Phase befindlichen Verkaufschancen abbilden.

3.3.5   Preis- und Konditionenmanagement

Je komplizierter die angewendeten Konditionensysteme – Rabatte, Boni, Zuschüsse, Sonderzuwendungen und *Bündelungskäufe* – und je größer die *Preisspreizung*[37] für Endkunden ist, desto wichtiger ist es, dass Sie die Preisrealisierung und das Einhalten der vereinbarten Konditionen überwachen. Sowohl negative Preisabweichungen als auch unberechtigt eingeforderte Konditionen haben einen erheblichen Einfluss auf das finanzielle Endergebnis Ihres Unternehmens.

Überwachen der Preisrealisierung
Nicht nur in der Krise sollten Sie Ihre Preisrealisierung und die *Preisspreizung* analysieren. Wie hat sich der Durchschnittspreis für einzelne Produkte über alle Kunden entwickelt? Wie hat sich das Produkt-Preisniveau einzelner Kunden entwickelt? Sie sollten folgende Fragen beantworten können:

1. Bei welchen Ihrer Kunden hat sich das Preisniveau der gekauften Produkte geändert? Relevant sind Änderungen mit erheblichen Werten und erheblicher Änderung.
2. Bei welchen Ihrer Produkte hat sich das Preisniveau über alle Kunden geändert? Auch hier liegt der Fokus auf erhebliche Werte und erhebliche Änderungen.
3. Wie können Sie diese Änderungen erklären?
4. Was kann gegen negative Abweichungen unternommen werden, wie können Sie positive Änderungen weiter nutzen?

Überwachen der Konditioneneinhaltung
Ihre Kunden könnten versehentlich oder absichtlich Konditionen einfordern, die Sie so mit ihnen nicht vereinbart hatten. Dies fällt Ihnen nur dann auf, wenn Sie die von den Kunden eingeforderten Gutschriftsbeträge regelmäßig mit den tatsächlich vereinbarten Konditionen vergleichen und unzulässige Forderungen

---

[37]Preisspreizung stellt die Bandbreite zwischen dem niedrigsten und dem höchsten erzielten Verkaufspreis für ein identisches Angebot (Produkt oder Leistung) dar; Unternehmen versuchen in der Regel, Preise intransparent zu halten, damit auch das obere Ende des Preisspektrums abgeschöpft werden kann; die Bedeutung der Preisspreizung ist von Branche zu Branche unterschiedlich; mir sind Preisspreizungen bis zu einem Faktor von mehr als zehn bekannt.

freundlich, aber bestimmt zurückweisen. Hierbei kann es sich zum Beispiel handeln um

- Zahlungen mit Skontoabzug, obwohl die vereinbarte Skontofrist überschritten wurde,
- Inanspruchnahme von Sonderkonditionen über ein vereinbartes Kontingent hinaus,
- Einfordern von Bonus auf Basis einer so nicht vereinbarten Umsatzgröße als Berechnungsbasis.

3.3.6 Initiativen und Kampagnen

Ich unterscheide zwischen Initiativen, die sich auf einzelne Kunden oder Projekte beziehen, und Kampagnen, die einen Produkt- oder Themen-Bezug haben und auf eine Vielzahl von Kunden abzielen. Insofern sind für mich Initiativen eher Vertriebsthemen und Kampagnen eher Marketingthemen.

Initiativen
Initiativen sind der bereits in Abschn. 3.3.3 beschriebenen Kundenplanung. Sie verbinden zielgerichtete Aktivitäten mit Erwartungen an damit verbundene Umsatz-, Absatz- und Gewinnziele. Sie können Initiativen langfristig für das laufende Geschäftsjahr oder spontan, zum Beispiel in einer Krise, definieren. Da Initiativen mit Aufwand – Zeit und Geld – verbunden sind, ist es wichtig, dass Sie den Aufwand und das zu erreichende Ergebnis planen, messen und bewerten.

Initiativen können sich bei einem Kunden zum Beispiel auf die Neuprodukteinführung bei ihm, die Erweiterung oder Veränderung des gekauften Produktsortiments, die gemeinsame Durchführung von Aktivitäten bei seinen Kunden oder die Ausweitung des Lieferanteils beziehen.

Üblicherweise plant Ihr Vertrieb seine Initiativen nicht nur kundenindividuell, sondern stimmt sie vorher mit der Marketingabteilung ab, die dafür Argumentationen und Kommunikationsmittel zur Verfügung stellt und die Vertriebsmitarbeiter trainiert.

Über Initiativen können Sie auch in der Krise erheblich positive Wirkungen erzielen, sowohl bei besonders wichtigen Kunden als auch bei solchen, die gerade weniger als zuvor gekauft haben. Für die Entwicklung und Definition kundenspezifischer Initiativen sollten Sie ein gutes Verständnis der bereits in Abschn. 3.1.5 erwähnten *Value Proposition* haben, die sich – wie bereits erwähnt – im Krisenverlauf verändert haben kann. Schnell wirksam und hilfreich zur Umsatzsicherung sind in einer Krise Initiativen, die besondere Zahlungskonditionen oder Angebote wie *Leasing statt Kauf* anbieten. Dabei müssen Sie die Auswirkungen auf Ihr finanzielles Ergebnis und Ihre eigene Liquidität berücksichtigen.

Initiativen werden Sie auch laufend und spontan während des Jahres in Ihre Kundenplanung einfließen lassen und über Ihr CRM-System steuern und auswerten.

Kampagnen

Im Gegensatz zu Initiativen zielen Kampagnen auf Kundensegmente oder Kundengruppen ab, die mit einem einheitlichen Thema angesprochen werden. In der Regel kombinieren Sie in einer Kampagne verschiedene Kommunikationsmittel und Kommunikationswege, mit oder ohne Einschaltung des Vertriebs. Typischerweise bestehen Kampagnen aus Direct-Mails, zum Beispiel über Newsletter verbunden mit Social-Media-Aktivitäten, persönliche Kundenansprache und dem Versenden von Broschüren oder *Giveaways*[38]. Beim Design von Kampagnen sollten Sie sorgfältig und realistisch den geplanten Aufwand dem erwarteten Nutzen gegenüberstellen. Noch wichtiger ist es, dass Sie den Kampagnenerfolg[39] regelmäßig messen und Konsequenzen daraus ziehen, sofern Erwartung/Planung und Realisierung abweichen.

3.3.7 Verbessern der Verkaufskompetenz und Motivation

Verkaufserfolg hängt wesentlich von der Kompetenz und Motivation der beteiligten Menschen, der Verkäufer, ab:

---

[38]Hierbei ist auf das Einhalten der entsprechenden gesetzlichen Regelungen, zum Beispiel der DSGVO/Datenschutzgrundverordnung in Bezug auf Einverständniserklärungen sowie der Wettbewerbsregelungen zu achten, die zum Beispiel den Wert von Giveaways beschränken.

[39]Der Kampagnenerfolg kann als reiner Aktivitätenerfolg – zum Beispiel als Klickrate oder Antwortrate – oder, besser, als wirtschaftlicher Erfolg des Aufwands als ROI/Return-on-Investment gemessen werden.

1. Haben Sie Mitarbeiter/Verkäufer mit der richtigen Kompetenz in den für sie passenden Rollen, in ausreichender Zahl und sind deren Rollen passend und klar definiert?
2. Wissen diese Mitarbeiter, was von ihnen erwartet wird – haben sie die Anforderungen verstanden und akzeptiert?
3. Haben die Mitarbeiter die benötigten Fähigkeiten und Fertigkeiten, um erfolgreich zu sein – neben den technischen Kenntnissen vor allem die benötigen und erwarteten Verkaufsfähigkeiten[40]?
4. Haben die Mitarbeiter die richtigen Arbeitsmittel für ihre Aufgaben?
5. Haben Sie in einem Verkaufsmodell definiert, wie verkauft und wie Kunden behandelt werden sollen?
6. Führen, entwickeln und motivieren Sie Ihre Vertriebsmitarbeiter angemessen?

Üblicherweise hat eine Verkaufsorganisation nicht nur Spitzenkräfte, weder im Außendienst noch im Innendienst. Daher sollten Sie neben der Personalweiterentwicklung auf Basis von Standards, Zielvereinbarungen und Bewertungen auch Personalentscheidungen treffen, wenn ein Mitarbeiter nicht ins Team passt oder hoffnungslos zu wenig leistet und nicht anderweitig eingesetzt werden kann.

Training ist ein wichtiger Hebel zur kontinuierlichen Verbesserung der Fähigkeiten und Motivation des Verkaufsteams, ebenso das Coaching der Mitarbeiter durch ihre Vorgesetzten, die dieses Coachen natürlich gelernt haben müssen. Es wäre naiv zu glauben, dass Wimbledonsieger oder Fußballweltmeister als solche geboren werden. Sie müssen die richtige Veranlagung haben, Techniken kennenlernen und dann trainieren und nochmals trainieren.

Es gibt Menschen, die man nicht motivieren kann; und es gibt Menschen, die sich permanent selbst motivieren. Für alle anderen sollten Sie sich gut überlegen, wie Sie sie motivieren können. Dabei können Sie zwischen motivationsfördernden und motivationsverhindernden Elementen unterscheiden. Sie können Mitarbeiter schnell dadurch demotivieren, dass Sie ihnen Anerkennung verweigern, sie nicht umfassend informieren, sie persönlich nicht respektieren oder ihnen keine Perspektive für die eigene Weiterentwicklung geben. Sicherlich

---

[40]Hierunter fallen Gesprächsführung, Bedarfsweckung, Einwandbehandlung, Verhandlungs- und Abschlusstechniken, Kontaktpflege, Selbstorganisation, aber auch die Anwendung der bereits beschriebenen Maßnahmen und Prozesse, wie zum Beispiel Kundenklassifizierung und -planung etc.

spielen eine als angemessen empfundene Bezahlung und leistungsorientierte Provisionen/Boni eine wichtige Rolle. Zugleich möchten Mitarbeiter aber auch Spaß an der Arbeit und am Arbeitsplatz haben. Ohne an dieser Stelle den Punkt Mitarbeitermotivation zu vertiefen: Gerade in einer Krise besteht sowohl das Risiko, Mitarbeiter zu demotivieren, als auch die Chance, durch hohe Transparenz, Einbindung und Anerkennung – auch finanziell – sie zu besonderem Einsatz zu motivieren und ein *Gewinnerteam* zu bilden.

3.4 Liquiditätsmanagement in der Krise

Mit Maßnahmen in der Krise wollen Sie prinzipiell fünf Ziele erreichen:

1. Absatz und Umsatz absichern und – soweit möglich – steigern,
2. die Marktposition absichern oder sogar verbessern,
3. Kosten senken und Margen absichern,
4. Cash/Zahlungsfähigkeit sichern,
5. das Unternehmen als Einheit zusammenhalten und auf die Zukunft vorbereiten.

Im Folgenden lernen Sie einige Maßnahmen kennen, mit denen Sie in der Krise Ihre Liquidität und Zahlungsfähigkeit vertrieblich absichern können. *Cash ist King*[41] – das gilt ganz besonders in einer Krise, damit Ihr Unternehmen nicht im schlimmsten Fall Insolvenz anmelden muss, ohne tatsächlich überschuldet zu sein. Ziele beim Cash-Management sind

- weniger und später Geld ausgeben – Kreditorenmanagement,
- mehr und schneller Geld einnehmen – Debitorenmanagement,
- Zahlungsfähigkeit vergrößern.

Die Voraussetzungen und Möglichkeiten für das *Cash-Management* unterscheiden sich darin, ob es sich um die Krise eines einzelnen Unternehmens oder die Krise einer Branche, einer Region, eines Staates oder der ganzen Welt handelt. In einer allgemeinen Krise werden viele Unternehmen Liquiditätsprobleme haben und

---

[41]Der Ausspruch wird dem US-amerikanischen Immobilienentwickler Alex Spanos zugeschrieben oder dem ehemaligen Volvo-CEO Pehr G. Gyllenhammar.

dadurch zugleich weniger Spielräume für Verhandlungen und Entgegenkommen. Bezieht sich das *Cash-Problem* nur auf ein einzelnes Unternehmen, sind die Handlungsoptionen anders und vermutlich größer.

3.4.1 Vertriebliche Maßnahmen

Debitorenmanagement

Debitorenmanagement bedeutet, Geld von Zahlungspflichtigen, Debitoren oder Schuldnern schneller und in einem größeren Volumen zu erhalten. In einer allgemeinen Krise werden allerdings auch andere Unternehmen bestrebt sein, ihren eigenen Zahlungsverpflichtungen später nachzukommen und sie zu reduzieren. Was können Sie tun?

1. Halten Sie nach und stellen Sie sicher, dass Zahlungseingänge rechtzeitig und komplett erfolgen.
2. Fordern Sie unberechtigt eingehaltene Skontoabzüge – bei einer Zahlung nach Ablauf der vereinbarten Skontofrist – unmittelbar zurück.
3. Bieten Sie Spezialkonditionen an, wie zum Beispiel Sonderskonti bei einer Zahlung früher als bisher vereinbart; dies führt zwar zu höheren Kosten, kann aber zugleich Ihre *Cash-Situation* verbessern.
4. Unter Umständen können Sie Ihren Kunden auch Kommissionsware verkaufen und in Rechnung stellen oder Abrufverträge schneller ausliefern.

Sonderverkäufe

Sie können Ihre *Cash-Situation* auch dadurch verbessern, dass Sie Sonder- oder Postenkäufe zu besonders günstigen Preisen anbieten, sofern dann sofort oder sehr schnell gezahlt wird.

3.4.2 Maßnahmen außerhalb des Vertriebs

Staatliche Unterstützung nutzen

In allgemeinen Krisenzeiten – aktuell während der Corona-Krise – bietet der Staat gelegentlich Unterstützungsmöglichkeiten, damit Ihr Unternehmen nicht unverschuldet zahlungsunfähig wird. Beispiele hierfür sind aktuell

- Kurzarbeitergeld (KUG), das in Deutschland bei der Bundesagentur für Arbeit unter bestimmten Bedingungen[42] beantragt werden kann,
- vergünstigte und vereinfachte Kredite[43], zum Beispiel bei der KfW oder den Landesförderanstalten, sowie Ausfallbürgschaften,
- Zuschüsse und Direkthilfen bei allgemeinen Krisensituationen[44],
- Stundungsmöglichkeiten für Steuern, Sozialversicherungsbeiträge und Reduzierung der Gewerbesteuer.

Die Corona-Krise des Jahres 2020 war eine besondere Situation[45], in der sich der Staat eine Vielzahl von Maßnahmen hat einfallen lassen. Diese Unterstützungsmöglichkeiten wird es bei der individuellen Krise eines einzelnen Unternehmens in diesem Umfang voraussichtlich nicht geben. Dennoch könnten Sie auch dann versuchen, Unterstützungen und Stundungen zu bewirken, zum Beispiel können Sie auch dann Kurzarbeitergeld beantragen.

Erhöhen des Kreditrahmens
Auch außerhalb staatlicher Unterstützung können Sie die Zahlungsfähigkeit Ihres Unternehmens verbessern. Ein Mittel dazu kann die Erhöhung eines Kreditrahmens, die Verlängerung von Rückzahlungsfristen oder die Aufnahme neuer Verbindlichkeiten sein.

Kreditorenmanagement
Kreditorenmanagement bedeutet im Wesentlichen, weniger Geld zu einem späteren Zeitpunkt an die Zahlungsempfänger, die Kreditoren, Ihre Gläubiger, zu zahlen. Mit Lieferanten, Geschäftspartnern und Kreditfinanzierern/Banken können Sie in einer individuellen Krise über Zahlungsaufschübe und sogar über die Reduzierung von Verbindlichkeiten verhandeln. Dies ist zwar in der Regel kein Vertriebsthema und auch nicht einfach. Ich erwähne es jedoch der Vollständigkeit

---

[42]KUG wird über maximal zwölf Monate gewährt, wenn mindestens 10 % der Beschäftigten einen Arbeitsentgeltsausfall von mehr als 10 % haben; mehr dazu auf der Website der Bundesagentur für Arbeit.

[43]In der Corona-Krise wurde von Universal- und Akutkrediten und Ausfallbürgschaften gesprochen.

[44]Auch hier gab es in der Corona-Krise Unterstützung, z. B. über nicht rückzahlbare Einmalunterstützungen unter definierten Voraussetzungen.

[45]Diese Situation war auch zum Zeitpunkt der Niederschrift diese *essentials* noch nicht beendet.

halber. In gut überlegten Einzelfällen ist es auch möglich, Zahlungen einfach verspätet zu leisten, ohne vorher eine Vereinbarung zu treffen[46]. Vertriebsthema ist es jedoch, in Verhandlungen Bonus- oder Rabattzahlungen an Kunden aus Konditionenvereinbarungen zu verschieben oder eine Reduzierung zu vereinbaren.

Andere Möglichkeiten außerhalb des Vertriebs
Nur der Vollständigkeit halber sei hier erwähnt, dass es auch außerhalb des Vertriebs zahlreiche Möglichkeiten gibt, Ihre *Cash-Situation* zu verbessern, wie zum Beispiel

- *Sell-and-Lease-back* Maßnahmen, bei denen Anlagevermögen verkauft und unmittelbar zurückgeleast wird; dies wird zu höheren Kosten führen, bewirkt aber zugleich einen Zufluss an Liquidität,
- Verzicht oder Verschiebung von Personalmaßnahmen/Entlassungen, die zwar zukünftig Kosten senken, kurzfristig aber zur Auszahlung von Abfindungen führen,
- Verzicht auf unmittelbar zahlungswirksame und zugleich schnell kündbare Verträge, wie zum Beispiel die Absage von Veranstaltungen, schnell kündbarer Werbeaufwand oder der Verzicht auf Trainingsmaßnahmen; in diesen Fällen sollten Sie jedoch zwischen dem kurzfristigen Nutzen auf der Liquiditätsseite und dem möglicherweise erst mittelfristig wirkenden Nachteil durch Verzicht auf eigentlich sinnvolle Maßnahmen abwägen.

3.5 Mehr Wirkung durch besseres Marketing

Über Marketingmaßnahmen oder Maßnahmen mit Unterstützung der Marketingabteilung hatten Sie bereits bei den Themen Kampagnen und Initiativen (Abschn. 3.3.6) gelesen. Die meisten Marketingmaßnahmen haben dabei eine unerfreuliche Besonderheit: Aufwand und Kosten verursachen sie sofort, ihren Nutzen bewirken sie aber erst zu einem späteren Zeitpunkt, wenn überhaupt[47]. Das Wort *besseres* Marketing hat zudem zwei Zielrichtungen:

---

[46]Vorsicht aber bei sogenannten Convenants, speziellen Klauseln in Kreditverträgen, bei deren Nicht-Einhaltung die gesamte Rückzahlung sofort fällig werden kann.

[47]Vergleiche auch das Henry Ford zugeschriebene Zitat „Ich weiß, die Hälfte meiner Werbung ist herausgeworfenes Geld. Ich weiß nur nicht, welche Hälfte".

a. *effizienter*, das heißt, dasselbe Ergebnis mit weniger Aufwand oder
b. *effektiver*, das heißt, eine größere Wirkung bei gleichem Aufwand zu erzielen.

Messen und Events
Messen und größere Events – vor allem Image- oder Leitmessen ohne unmittelbaren Verkauf – haben in der Regel drei ungünstige Eigenschaften: Sie kosten viel Geld, zeigen ihre Wirkung, wenn überhaupt, erst viel später und Sie wissen nie genau, ob Sie auf sie nicht auch hätten verzichten können. Viele Messebesuche und -aufwände werden nur damit begründet, dass Ihre relevanten Wettbewerber dort auch präsent sind und dass Sie bei einmaligem Teilnahmeverzicht beim nächsten Messetermin einen schlechteren Standplatz zugewiesen bekommen. Zahlungen aus Messebuchungen können Sie meist auch nicht mehr kurzfristig vermeiden, da wesentliche Zahlungen bereits getätigt wurden oder es keine Stornomöglichkeiten gibt. Anders ist die Situation bei Messen und Veranstaltungen, bei denen Sie unmittelbar verkaufen können – als Ordermesse oder falls auf der Messe direkt Bargeschäfte getätigt werden.

Vergleichbar mit Messen ist die Situation bei Schulungsveranstaltungen und reinen Produktpräsentation ohne unmittelbaren Auftragseingang oder Vertragsabschluss. Selbst große Unternehmen und Marktführer haben daher jüngst auf die Teilnahme an einstmals bedeutenden Messen verzichtet, offenbar, ohne dadurch Absatznachteile zu befürchten[48].

Viele Unternehmen verzichten leider auch außerhalb einer Krise darauf, ihren Messeaufwand und Messeerfolg vernünftig zu planen, zu bewerten und zu steuern[49].

Marketing als Strategieabteilung
Je nach Organisation/Struktur Ihres Unternehmens können wesentliche Aufgaben der Strategieentwicklung in Ihrer Marketingabteilung angesiedelt sein. Wie bereits in Abschn. 3.1 *Strategische Ausrichtung* dargestellt, ist die Änderung und Anpassung Ihrer Strategie ein wesentlicher Hebel zur kurz- und mittelfristigen Neuausrichtung Ihres Unternehmens. *Besser* bedeutet hier vor allem

---

[48]Im April 2020 verkündeten zum Beispiel Rolex, Chopard und Patek Philippe, nicht mehr auf der Baselworld auszustellen, bereits zuvor hatten sich zahlreiche Automobilhersteller von der alle zwei Jahre stattfinden Automobilausstellung IAA zurückgezogen.
[49]Vergleiche hierzu zur Messung und Steuerung von Messen Huckemann (2005).

- bessere Informationen – schneller, umfassender, relevanter,
- bessere Auswertungen,
- bessere Schlussfolgerungen und bessere Umsetzung in Handlungsempfehlungen.

Website, Social Media, Broschüren, Werbung
Dass eine optimale Website ein wichtiges Instrument ist, um Ihr Unternehmen richtig im Markt zu positionieren, die *Value Proposition* zu kommunizieren und Ihre Leistungen den Kunden und potenziellen Kunden anzubieten, ist keine Neuigkeit. Zu ihrer Optimierung gibt es zahlreiche Ansätze und Empfehlungen, die jedoch in der Krise den Nachteil haben, oftmals nicht schnell (genug) zu wirken. Dasselbe gilt für andere klassische Werbeinstrumente wie Broschüren und Anzeigen oder für moderne, digitale Ansätze wie Social Media-Kampagnen oder der Einsatz zielgerichteter Werbekampagnen auf Basis der Analyse der Webnutzung[50]. Darüber hinaus besteht das Risiko, eine vernünftige Relation zwischen Aufwand und erwartetem, messbarem Nutzen zu verlieren und *in Schönheit zu sterben.*

E-Commerce
E-Commerce kann als Verbindung von Vertrieb und Marketing verstanden werden. Zum einen ist es eindeutig ein Vertriebskanal, zum anderen ist es eng und direkt mit Marketingmaßnahmen und dem Corporate Design verbunden. Mit gut gemachtem E-Commerce haben Sie gerade in Krisenzeiten ein starkes Absatzmittel an der Hand. Damit können Sie zum Beispiel Konditionenänderungen und Sonderaktionen am Markt platzieren, zusätzlichen Auftragseingang generieren und Marktsegmente erreichen, die Sie über Ihre klassischen Vertriebswege nicht erreichen und die vielleicht (bisher) gar nicht zu Ihren Zielgruppen gehörten. Ein guter und erfolgreicher E-Commerce-Auftritt hängt unter anderem von folgenden Faktoren ab:

- *Performance*[51] Ihres zugrunde liegenden Shop-IT-Systems, da jeder kommerzielle Nutzer Ihr System mit seinen privaten Erfahrungen aus der Nutzung modernster Konsumenten-Systeme – wie Amazon oder eBay – vergleichen wird,

---

[50]Letztere werden allerdings eher im Konsumenten-Marketing eingesetzt.
[51]Performance eines IT-Systems umfasst dessen Schnelligkeit, Sicherheit und Fehlerfreiheit.

- *Richtigkeit* der zugrundeliegenden Daten, insbesondere über deren Verfügbarkeit,
- *attraktive Beschreibung* der angebotenen Produkte, der angebotenen Leistung und möglicher Anwendungen,
- *Produktvergleiche*,
- Übersichtlichkeit und Attraktivität der *Nutzeroberfläche*,
- Verfügbarkeit und Auswertung von *Daten* zur Nutzung des Interessentenverhaltens,
- *intelligente* Auswertung und Information aller Interessenten auf Basis von *Schwarmverhalten*[52].

3.6 Krisenmanagement und nachhaltige Umsetzung

3.6.1 Professionelles Krisenmanagement

Das Erkennen von Krisenursachen und die Identifikation passender Maßnahmen zur Beherrschung einer Krise sind typischerweise ein Projekt. Krisenmanagement sollten Sie daher auch als Projekt verstehen, definieren und führen. Dazu gehören

- klare Definition der Aufgabenstellung und der erwarteten Ergebnisse,
- Rahmenbedingungen,
- Kriterien für Erfolg und Misserfolg,
- Verantwortlichkeiten und Beteiligte – direkte und mittelbar einbezogene,
- Zeitplan und Meilensteine,
- Kosten- und Aufwandsrechnung,
- gegebenenfalls eine Projektsteuerungsmethode und die einzusetzenden Instrumente und *Artefakte*[53].

Krisenteams und Krisenmethodik
Größere Unternehmen haben meist eine Standardmethode zum Management von Krisen entwickelt, eingeführt und trainiert. Dies hat den Vorteil, dass Sie

---

[52]Sie kennen das, was uns Amazon und andere anbieten oder aufdrängen „Kunden, die XYZ gekauft haben, interessierten sich auch für UVW" oder „XYZ ist derzeit nicht verfügbar, aber UVW erfüllt einen ähnlichen Nutzen".
[53]Systeme wie Microsoft Project und Artefakte wie Formblätter und Standardberichte, Anmeldungen, Anträge, Genehmigungen, Kommunikationsvorlagen.

bei Eintritt einer Krise nicht lange nach einem passenden Verfahren suchen müssen, sondern dieses bereits vorher in Ruhe abstimmen und einführen konnten. Üblicherweise beinhaltet eine solche Krisenmethodik folgende Punkte:

* Definition und Klassifizierung von Krisen – vom kleinen Problem bis zur existenzbedrohenden Krise – mit in der Regel unterschiedlicher Behandlung,
* Anforderungen an die Beteiligten, das Team und die Teamzusammensetzung mit klar definierten Rollen[54],
* die zu nutzenden *Artefakte* und die Bedingungen für ihre Nutzung[55],
* Abläufe, Arbeitsanweisungen und Anforderungen, zum Beispiel an maximale Bearbeitungszeiten,
* Eskalationsstufen und -regeln,
* Regeln für die Kommunikation,
* Rahmenbedingungen und Regeln für Anträge und Genehmigungen,
* Regeln für Reporting aus Kostenkontrolle,
* generelle Aussagen zur Krisenkultur und zur Bedeutung einzelner Kriterien für Entscheidungen.

Die Entwicklung und Herausgabe einer Krisengebrauchsanweisung sind nur der erste Schritt zur erfolgreichen Einführung und späteren Nutzung. Wenn Sie eine derartige Methode einführen wollen – vor einer Krise – müssen Sie diese kommunizieren und trainieren; für die Leitungsrolle eines Koordinators sollten Sie zudem auf Personen mit eigener Krisenmanagement-Erfahrung zurückgreifen.

Change-Management
Die Einführung von Methoden, Tools und Gebrauchsanweisungen helfen bei Veränderungen, innerhalb oder ohne eine Krise. Sie bewirken aber noch nicht den tatsächlichen Erfolg eines Veränderungsprozesses. Change-Management (s. Lauer 2019) zur Umsetzung von Veränderungswünschen und zur erfolgreichen Arbeit im Krisenteam setzt für Sie vor allem Folgendes voraus:

* Berücksichtigen Sie die Bedürfnisse, Einstellungen und Fähigkeiten aller Beteiligten und Betroffenen.

---

[54]Zu diesen Rollen können zum Beispiel gehören der Koordinator, der Schriftführer, der Kommunikator/Sprecher, der Organisator und der HSE- und Qualitäts-Verantwortliche.
[55]Wer, wann, welcher Empfängerkreis.

- Berücksichtigen Sie den typischen Ablauf von Veränderungsprozessen.
- Kommunizieren Sie, kommunizieren Sie und kommunizieren Sie nochmals – nicht nur als Information, sondern als Dialog.
- Präsentieren Sie glaubwürdig einen attraktiven Zielzustand.
- Stellen Sie einen tatsächlich machbaren Veränderungsweg dar.

3.6.2 Prioritäten setzen

Wenn es Sie und Ihr Unternehmen *so richtig erwischt* hat – durch eine intern oder extern begründete Krise –, werden Sie vielleicht nicht die Zeit und Gelassenheit haben, alle Elemente dieses *essentials* im Detail zu beherzigen.

Dann empfehle ich Ihnen, Prioritäten zu setzen, so wie in Abb. 3.8 dargestellt:

1. Setzen Sie ein *Projekt* ein wie in Abschn. 3.6.1 beschrieben, mit klaren Strukturen und Rollen, Zeitplänen und Erwartungen. Kommunizieren Sie das Projekt und geben Sie den Beteiligten die Kapazität, die sie für eine erfolgreiche Projektarbeit benötigen.
2. *Führen* Sie die Mitarbeiter *enger als normal*. Stellen Sie sicher, dass die wichtigsten Leistungsträger im Unternehmen bleiben, geben Sie klare Ziele vor und prüfen Sie auch im Einzelfall, ob verabschiedete Maßnahmen tatsächlich umgesetzt werden können; aber gängeln Sie die Mitarbeiter nicht – dies ist ein schwieriger Balanceakt.

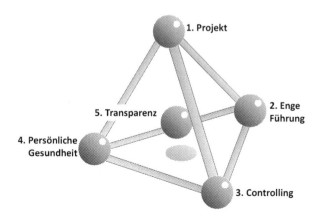

Abb. 3.8 Prioritäten richtig setzen

3. *Controlling* ist der Kompass, der Ihnen zeigt, ob Sie auf dem richtigen Weg sind. Setzen Sie den kompetentesten Mitarbeiter dafür ein, geben Sie ihm den nötigen Freiraum und halten Sie engen Kontakt zu ihm.

4. Stellen Sie die *persönliche Gesundheit* des Managementteams und der wichtigsten Leistungsträger sicher. Geben Sie ihnen Freiräume, kümmern Sie sich persönlich um sie und seien Sie achtsam – und achten Sie auf sich selbst.

5. Wenn Sie Höchstleistung von guten Mitarbeitern wollen, geben Sie ihnen *Transparenz* – soweit es geht – und führen Sie einen ständigen Dialog mit Ihnen.

7-stufiger Stresstest Vertrieb

4

Zum Abschluss stelle ich Ihnen meinen vier- bis sechswöchigen *Stresstest Vertrieb* vor, der sich üblicherweise aus den folgenden sieben Schritten – siehe Abb. 4.1 – zusammensetzt, im Einzelfall jedoch auch anders aufgebaut sein kann. Er greift viele Punkte aus den vorherigen Kapiteln auf, hat aber vor allem das Ziel, Ihnen eine mehr oder weniger einfache Methode an die Hand zu geben. Dazu sollten Sie die Empfehlungen aus Abschn. 3.6 *Krisenmanagement und nachhaltige Umsetzung* berücksichtigen, vor allem in Bezug auf Rollen und Verantwortlichkeiten, Erwartungen, Zeitplanung, Vorlagen und Rahmenbedingungen.

4.1 Von der Strategie zu den finanziellen Zielen (KPI)

Prüfen Sie, ob Sie eine konsistente, faktenbasierte Strategie haben (oder nur mittelfristige Plan-/Wunschzahlen) und ob Sie diese in die fünf bis sechs wichtigsten Zielwerte herunterbrechen können:

1. Entwickeln Sie eine konsistente *Strategiestory* und bringen Sie sie zu Papier – vielleicht existiert sie ja bereits: In welchen Geschäften sind Sie tätig und wie könn(t)en Sie dort erfolgreich sein?
2. Bauen Sie diese *Story* unbedingt auf Fakten auf – bereits vorliegende Fakten oder später zu ergänzende Hypothesen.
3. Arbeiten Sie die wichtigsten finanziellen Ziele heraus – mittelfristig bis kurzfristig –, das sind Ihre *KPI/Key Performance Indikatoren*.

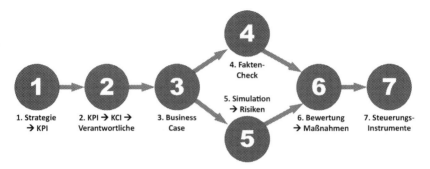

Abb. 4.1 Ablauf 7-stufiger Stresstest Vertrieb

4. Erarbeiten Sie das Ergebnis in ein bis zwei Workshoptagen in Workshops mit der *Brown Paper-Methode*[1], basierend auf *Business Model Canvas* (s. Osterwalder 2010).

5. Alles, was Sie in diesen Workshops (noch) nicht wissen, können Sie als später zu prüfende Hypothesen formulieren.

4.2 Von den KPI zu Verantwortlichkeiten, Initiativen und Prioritäten

Die Zielwerte sind wichtig – wichtiger sind jedoch die Festlegung von Steuerungsgrößen, die Bündelung in Initiativen und Projekten sowie die Festlegung von Verantwortlichkeiten:

1. Entwickeln Sie aus den zuvor definierten finanziellen KPI die *KCI/Key Change Indikatoren* für die wichtigsten operativen Ziele (z. B. *Hitrate*, Anteil Neukunden), mit deren Hilfe Sie die finanziellen KPI erreichen wollen.

2. Bündeln Sie die Ziele in Initiativen, Projekten oder *Workstreams*/Teilprojekten.

---

[1]„Brown Paper" ist eine einfach anzuwendende Methode, die unter Einbindung vieler Personen einen Sachverhalt – in der Regel sind es Prozesse – auf (braunem) Packpapier mittels standardisierter, grafischer Elemente dokumentiert; dort wird auch kommentiert und bewertet.

3. Identifizieren Sie die Verantwortlichen für jede der Initiativen und legen Sie sie fest.
4. Erarbeiten Sie dies im Workshop ebenfalls mit der *Brown-Paper-Methode* in ein bis zwei Workshoptagen.
5. Erstellen Sie so die Grundlagen für den Aufbau des *Business Case*.
6. Nutzen Sie für den hierarchischen Aufbau eine Methode wie die *Work Breakdown Structure/WBS* (s. Klesse 2020).

4.3   Aufbau des Business Case für die Simulation

Wie kritisch ist die Situation tatsächlich und wo sitzen – rein rechnerisch –die größten Optimierungshebel?

1. Entwickeln Sie einen *Business Case*, ausgehend von den bestehenden Zahlenwerken, Reports, Budgets und Planungen.
2. Sie können durchaus Excel nutzen – das Controlling sollte Ihnen die benötigten Daten liefern und die Datenqualität sicherstellen.
3. Finden Sie heraus, was die wichtigsten Hebel sind – vom Auftragseingang bis zum Ergebnis, (üblicherweise ist das der EBIT oder eine ähnliche Ergebnisgröße) – und wie das Ergebnis rechnerisch auf Änderungen einzelner Werte reagiert.
4. Nutzen Sie die Ergebnisse für die nachfolgende Simulationsrechnung.

4.4   Faktencheck und Risikoidentifikation

Der *Business Case* ist ein (oft umfangreiches) Rechenwerk, dessen positive und negative Annahmen Sie in der Realität überprüfen müssen:

1. Prüfen Sie alle zuvor identifizierten Haupthebel auf Wahrscheinlichkeit und Auswirkung sowie auf Abhängigkeiten, zum Beispiel durch Entwicklung eines *Markowitz*-analogen Modells (Auswirkungen und Wahrscheinlichkeiten)[2].

---

[2]Vergleiche hierzu Markowitz (2008), der sein bereits 1959 erschienenes Werk Portfolio Selection zwar für einen anderen Zweck schrieb, dessen Grundlagen aber hier angewendet werden können.

2. Sie können das durch interne und externe Gespräche (Kunden, Marktexperten, Wettbewerber) tun, unter Berücksichtigung externen Faktoren, wie *PESTEL*, in strukturierten Workshop-Diskussionen.
3. Finden Sie – vorerst als Hypothesen – heraus: Was wäre – wenn – wann – warum – wie könnten Sie dagegen steuern?

4.5   Simulation der Risiken

Das Rechenwerk des *Business Case* und die Ergebnisse des Faktenchecks werden miteinander verbunden:

1. Bauen Sie die Risiken in das Excel-Simulationsmodell ein.
2. Identifizieren Sie die stärksten Beeinflusser und die stärksten Auswirkungen.
3. Bauen Sie mehrere Szenarien und ihre Abhängigkeiten auf.
4. Erarbeiten Sie Details am PC mit Abstimmung von Zwischenergebnissen in Workshops.

4.6   Bewertung und Maßnahmen

Auf Basis der Simulationen sollte Ihnen klar werden, wo sich die größten Risiken befinden und wo Sie die stärksten Hebel ansetzen können. Da Sie nicht an hundert Maßnahmen zugleich erfolgreich arbeiten können, müssen Sie wenige Schlüsselmaßnahmen identifizieren:

1. Arbeiten Sie die wichtigsten Maßnahmen heraus, was gegen welche Risiken unternommen werden könnte und sollte.
2. Arbeiten Sie die Effekte aus dem *Business Case* heraus.
3. Bewerten Sie die Gesamtsituation von Risiken und Chancen.
4. Identifizieren Sie die wichtigsten Stoßrichtungen – kurzfristig (*Quick Wins*) und mittelfristig.
5. Erledigen Sie diese Arbeit in zwei bis drei Workshoptagen.

4.7   Steuerungsinstrumente

Als letztes müssen Sie sicherstellen, dass die wichtigsten Maßnahmen auch tatsächlich umgesetzt werden können:

1. Entwickeln Sie eine *Roadmap* für das Risikomanagement (Was, wer, wann, wie?).
2. Setzen Sie das Simulationsmodell in eine Projektsteuerung um (zum Beispiel mittels *Hoshin Kanri* oder *OKR*).
3. Legen Sie die nächsten Schritte und gegebenenfalls Maßnahmen und Initiativen zur Vorbereitung eines effektiven Projektmanagements fest.

Was Sie aus diesem *essential* mitnehmen können

Ihr Nutzen aus diesem *essential* ist dreifach:

- Sie haben zahlreiche Optimierungshebel kennengelernt, die Ihren Vertrieb kurz- und mittelfristig besser machen, hin zu *Best Practice im Vertrieb und Commercial Excellence* – unabhängig von einer Krise.
- Sie wissen, mit welchen Hebeln Sie in einer Krisensituation – sei es einer individuellen Krise Ihres eigenen Unternehmens oder einer allgemeinen Krise – Lösungen finden können.
- Sie verfügen über ein schnell umzusetzendes Maßnahmenpaket, den *Stresstest Vertrieb*, um eine Krise zu beherrschen.

© Springer Fachmedien Wiesbaden GmbH, ein Teil von Springer Nature 2020
P. Klesse, *Systematischer Vertriebserfolg auch in Krisenzeiten,* essentials,
https://doi.org/10.1007/978-3-658-30662-5

Literatur

Best Practice Sales, Klesse P (2020) Work-breakdown-structure. https://bpsales.de/vertriebswissen/wbs/. Düsseldorf

Dannenberg H (o. J.) Six Battlefields – Wie Sie sich gegen Wettbewerber durchsetzen können. Six Battlefields – Wie Sie sich gegen Wettbewerber durchsetzen können. https://mercuri.de/insights/six-battlefields-den-wettbewerb-verdraengen/ Zugegriffen: 11. Mai 2020

DeBusk G, DeBusk C (2011) Combining Hoshin Planning with the Balanced Scorecard to Achieve Breakthrough Results. Harv Bus Rev 13(2011):7–10

Doerr J (2018) OKR – Objectives & Key Results: Wie Ziele, auf die es wirklich ankommt, entwickeln, messen und Umsetzen. Vahlen, München

Horx M (2020) Megatrend – Dokumentation. Zukunftsinstitut Matthias Horx, Frankfurt

Huckemann M (2005) Messen messbar machen: mehr Intelligenz pro m^2. Springer, Heidelberg

Klesse P (2019) Best Practice im Vertrieb durch Hoshin Kanri. Springer Gabler, Wiesbaden

Kudernatsch D (2019) Hoshin Kanri. Schäffer-Poeschel, Stuttgart

Kudernatsch D (2020) Toolbox objectives and key results. Schäffer-Poeschel, Stuttgart

Laczkowski K, Rehm W, Warner B (2018) Seeing your way to better strategy. The McKinsey Quarterly, November, 68

Lauer T (2019) Change-Management: Grundlagen und Erfolgsfaktoren. Springer Gabler, Berlin

Lovallo D P, Mendonca L T (2007) Strategy's strategist: an interview with Richard Rumelt. The McKinsey Quarterly, August, S 1–10

Oliver M und andere (2016) Managing in a VUCA world. Springer, Heidelberg

Markowitz H (2008) Portfolio Selection: Effiziente Diversifikation von Anlagen. FinanzBuch, München

Mercuri International (2020). Verkaufskonzept Six Battlefields™. Website https://mercuri.de/top-themen/verkaufskonzept-six-battlefields/. Meerbusch

Mercuri International (2020). Verkaufskonzept Six Battlefields™. Website https://mercuri.de/pipeline.management. Meerbusch

Osterwalder A, Pigneur Y (2010) Business Model Generation. Wiley, Hoboken

Osterwalder A, Pigneur Y und andere (2014) Value Proposition Design. Wiley, Hoboken

© Springer Fachmedien Wiesbaden GmbH, ein Teil von Springer Nature 2020
P. Klesse, *Systematischer Vertriebserfolg auch in Krisenzeiten,* essentials,
https://doi.org/10.1007/978-3-658-30662-5

Rehm W, Srivastava A (2018) Are your strategy discussions stuck in an echo chamber. McKinsey on Finance, Mai 2018, 66

Reichheld F (2003) The number one you need to grow. Harv Bus Rev 12(2003):47–54

Taleb N (2007) Der Schwarze Schwan: Die Macht höchst unwahrscheinlicher Ereignisse. dtv, München

WBGU, WissenschaftlicherBeirat der Bundesregierung zu Globalen Umweltfragen (1998). Welt im Wandel: Strategien zur Bewältigung globaler Umweltrisiken. Berlin, Springer

Wucker M (2016) The gray rhino: how to recognize and act on the obvious dangers we ignore. St. Martin's Press, New York

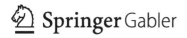
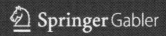

Printed in the United States
By Bookmasters